JN114337

SWOT分析による戦国武将の成功と失敗

森岡健司

ビジネス教育出版社

「戦国武将は、戦国時代の経営者である」

　私が、学生のころに夢中になって遊んだ歴史シミュレーションゲームや、読みあさった歴史小説のなかに出てくる戦国武将というのは、華やかで、潔く、かっこいい存在でした。

　戦国時代の武将というものは、誰しもが全国統一の野望を持ち、日夜、領土拡張、勢力拡大に邁進し、一度戦いに敗れれば、潔く散っていくことを是としている者だというイメージを勝手に抱いていました。

　そう、まさに戦国武将をヒーロー視していたのです。

　私は子どもが憧れるテレビのヒーローのように、弱きものを助け、強きものを挫くのが、戦国武将であり家臣を統率するリーダーだと思っていたのでした。

　上杉謙信が関東諸侯の救援要請に駆けつけて武田信玄や北条氏康と対峙する姿や、真田幸村が強大な徳川家と対峙して滅亡寸前の豊臣家のために奮戦する姿こそが戦国武将の理想の姿だと思っていました。

　一方で自家が生き残るために旗幟を鮮明にしない者、ましてや褒賞に釣られて敵方へと寝返る者などは、卑怯者で唾棄すべき存在のように捉えていました。

　いま、振り返れば、学生のころの私は、ゲームや小説のなかの設定や世界観でしか、戦国武将を見ていませんでした。

しかし、それから20数年以上の年月が経ち、社会人としての経験を経て、中小企業診断士という資格を通じ、改めて、ビジネス視点で戦国武将を見直してみると、それまでとは違った姿が見えてきました。

　天下分け目の戦いであるのに、旗幟を鮮明にできない戦国武将には、組織的にそうできない事情や構造的問題があり、寝返る者には守るべき家族や家臣の生活や命があり、かつて卑怯だと思いこんでいた行動にもすべて理由や原因がありました。

　彼らは、戦国時代のヒーローになるため、歴史に華々しく名を残すことを求めて生きていたわけではなく、生存競争の激しい戦国時代において自家が生き残るために必死に戦っていたのです。

　それは、現代の企業の経営者と同じと言えないでしょうか。

　現代の経営者たちも天災や感染症などの突発的な景気変動のなかで、自社を存続させ、家族や従業員の生活を守るために日夜戦っています。

　戦国武将たちも、先の見えない戦国時代という環境のなかで、自家が生き残っていくために、効果的な事業承継や、自社ブランディング、組織改革、事業の差別化を図っていました。

　まさに、戦国武将は、戦国時代の経営者でした。そして、そこには数々の成功と失敗がありました。

　戦国時代に、事業承継に成功した家は、大名として江戸時代を経て明治維新を迎えることができました。逆に、家督争いを起こした家は、内部の混乱に付け入られて敵方に滅ぼされたり、中央政権によって改易されたりして消滅していきました。そのような例は数えられないほどあります。

また、事業承継だけでなく、ブランディングや組織改革、事業の差別化に成功した者と、そうでない者でも、その末期は大きく違っています。ブランディングにおいても、権力者が価値を見出した者と、一般庶民が愛した者とでは、そのあとの認知度でも大きく違いがあります。

　組織改革においても、積極的に取り組んだ者、そのまま放置した者で違いあります。これら戦国武将たちの事績をビジネスの視点から見直してみると、現代のビジネスに活かせる知見が豊富にあるのではないかと思い、特にそのなかでも参考になるものをこの本にまとめました。

　その際に、12人の戦国武将を実例として取り上げつつ、それぞれに現代のビジネスフレームワークであるSWOT分析を用いて、戦国武将たちの強みや弱み、置かれている環境などを分析した表も載せております。

　通常、SWOT分析は、ビジネスにおいて戦略や計画を立案するために、自社の置かれている外部環境や内部環境を分析するために利用されます。

例：武田信玄と武田家 （西上作戦直前）

	強み	弱み
内部環境	●信玄のカリスマ性 ●有能な家臣団による組織力 ●足利家、本願寺とのネットワーク ●北条家との同盟	●後継者問題 ●旧今川領の強奪
	機会	脅威
外部環境	●信長包囲網の動き ●北条家と上杉家の上野での対立	●織田家の勢力拡大 ●上杉家の動向

このSWOT分析を使うことで、武将たちが、当時どのような状況に置かれていたかがわかれば、その選択や決断の理由も浮かび上がるのではないかと思い導入しました。

　それは、「戦国武将は、戦国時代の経営者である」という視点を大事にし、戦国武将たちの選択や決断による結果から現代に活かせるノウハウや知見を導き出すためでもあります。

　中小企業診断士として、歴史が好きな人間として、本書が、先の見えない時代に戦うビジネスパーソンの皆さまの参考になれば幸いです。

目 次

第1章

戦国武将たちの事業承継

「偉大な先代を継ぐ 二代目の成功と失敗」

① 武田勝頼

なぜ、先代から受け継いだ遺産を活かせず滅びたのか?

　武田勝頼は、父の信玄の跡を継ぎ、甲斐国を中心に100万石に及ぶ領地と武田二十四将と呼ばれる有能な家臣団を引き継ぎました。しかし、10年後には、織田信長の手によって滅ぼされてしまいました。

　なぜ、多くの遺産を受け継ぎながら、滅びてしまったのでしょうか?

武田勝頼 年表

1546年	武田信玄の四男として誕生。母は諏訪御料人。
1562年	母の諏訪家を継ぎ、諏訪勝頼と名乗る。
1567年	長男の義信が自害。武田家の後継者に指名される。
1573年	西上作戦の途上で信玄が死去。家督を相続する。
1575年	長篠の戦いで、織田家に大敗する。
1578年	御館の乱に介入し、上杉景勝と講和する。
1579年	北条家との同盟が破綻する。
1582年	織田家による甲州征伐により自害する。

1 偉大過ぎる先代の存在

　信玄は、TV番組の戦国武将ランキングで常に上位5位以内に入るほど一般人にもその名を知られている戦国武将です。織田信長や豊臣秀吉と並ぶ戦国武将の代表格の1人です。本名は武田晴信と言い、僧名である信玄のほうが一般的に広く認知されています。

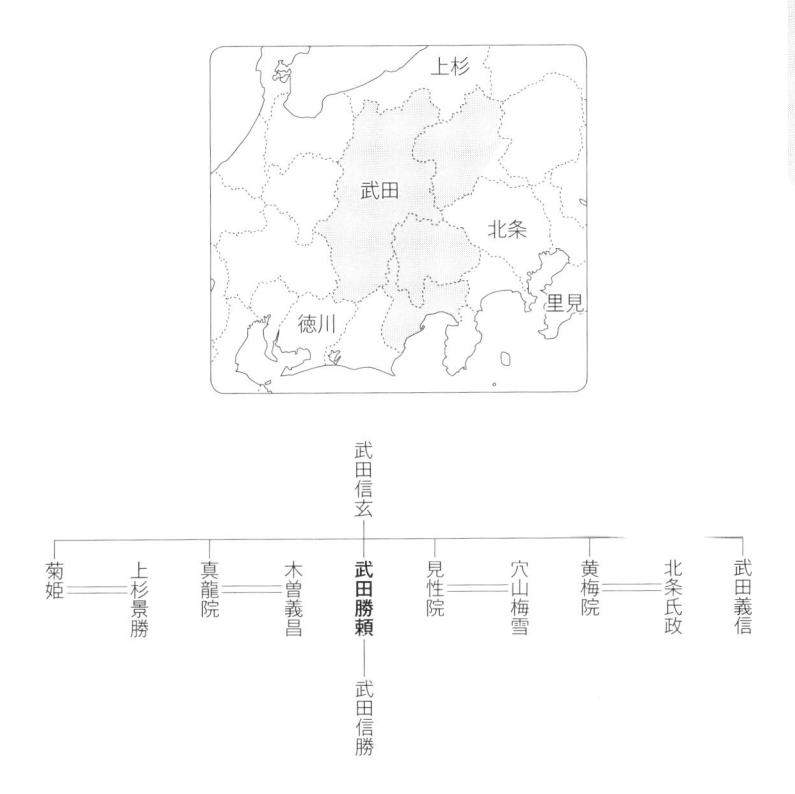

　信玄は、名門の甲斐武田家第19代当主として、現在の山梨県に該当する甲斐国を支配し、武力と調略を駆使して、隣国の信濃、駿河、上野と遠江の一部にまで版図を拡大させました。

　現在で言うと山梨県、長野県、静岡県の中部、群馬県の西部まで支配下におく戦国時代屈指の大大名でした。

　また、現代の民法にも影響を与えていると言われる「甲州法度次第」という分国法を制定し、「信玄堤」として現代にも残る治水事業を行うなど、内政面でも多くの実績を残しています。

武田信玄と武田家 （西上作戦直前）		
	強み	**弱み**
内部環境	●信玄のカリスマ性 ●有能な家臣団による組織力 ●足利家、本願寺とのネットワーク ●北条家との同盟	●後継者問題 ●旧今川領の強奪
	機会	**脅威**
外部環境	●信長包囲網の動き ●北条家と上杉家の上野での対立	●織田家の勢力拡大 ●上杉家の動向

ただ、物なりのよくない甲斐国を基盤にしていたため財政面では苦労しました。

信玄が現代でも高く評価されるポイントとして、武田二十四将として知られる有能な家臣団を統率していた点があげられます。

「人は城、人は石垣、人は堀、情けは味方、仇は敵なり」という名言を残している通り、山県昌景や高坂昌信など個性豊かで能力の高い家臣団をうまくマネジメントし、上杉家や北条家と渡り合いながら勢力を拡大させていました。

カリスマ性を有する偉大な経営者の元に、有能な幹部社員たちが群れをなしているというのが、信玄時代の武田家のイメージです。また信玄は、出自にこだわらずに幅広く人材登用を行ったことで、重厚な家臣団ができあがっていました。

しかし、この家臣団が信玄の死後、後継者を迷走させることになります。

2 武田家の後継者ではなかった武田勝頼

1573年、偉大な信玄亡き後の武田家を後継者として引き継い

武田勝頼と武田家（承継直後）

	強み	弱み
内部環境	●100万石以上の領地 ●有能な家臣団による組織力 ●足利家、本願寺とのネットワーク ●北条家との同盟	●後継者としての正統性 ●事前のノウハウの共有がない ●織田家、徳川家との対立
	機会	脅威
外部環境	●信長包囲網の動き ●北条家と上杉家の上野での対立	●織田家の勢力拡大 ●上杉家の動向

だのが、信玄の四男勝頼です。

　ただ、勝頼は、名前に武田家に代々受け継がれる「信」の字が無い点からも、元々、武田家の後継者と目されていませんでした。

　勝頼は、生まれる前から母の実家の諏訪家を継ぐことが決まっていました。そのため、諏訪家の通字である「頼」の１字が、その名に含まれています。

　武田家は長男の義信が継承することが、既定路線となっていました。そのため、名前に「信」の字が入っています。1562年に、勝頼は母方の諏訪家を相続し、諏訪勝頼と名乗っていました。何事もなければ勝頼は武田家の一武将としてその生涯を終えるはずでした。

　ところが、1560年の桶狭間の戦いで今川義元が敗死したことで、今後の今川家への対応について、信玄と義信の間に不和が起こりました。

　今川領である現在の静岡県中部の駿府を攻め取りたい信玄と、今川義元の娘を妻とする義信とで意見が分かれたと言われてい

ます。1565年、最終的に武田家の後継者であった義信は自害させられます。

しかし、この事件は財政面では、海に面した駿府を手に入れたのでプラスかもしれませんが、組織面では、後継者の急な変更はマイナスでしかありません。

勝頼は、後継者候補として指名をされたものの、なぜか信玄が亡くなる直前まで諏訪姓を名乗り続けていました。後継者であるにも関わらず、信玄の存命中は武田勝頼ではなく諏訪勝頼のままでした。

実は、後継者は勝頼の長男の信勝であり、勝頼はあくまで後見人もしくは、信勝までの中継ぎという微妙な立場だったとも言われています。

このように後継者としての正統性が曖昧であると、家臣たちも忠誠心の行き場を失い動揺を生みます。

これらの経緯もあり、勝頼としては非常にやりづらい環境となってしまっていました。

3 突然の事業承継と信玄が残した大きな遺産

1573年、信玄は足利義昭の誘いに乗り、信長包囲網に参加します。強力な織田政権の打倒を目指して、戦国大名たちが連携して対峙する、いわゆる第二次信長包囲網です。

信玄は、織田家打倒のため西上作戦を開始し、三方ヶ原の戦いで徳川・織田連合軍を破り快進撃を続けました。

しかし、西上作戦の途上で信玄が急死し、突然、勝頼が武田家の家督を承継することになりました。

　現代でも社長の急死によって、事前の引継ぎなどが無いまま突然、子どもたちが事業を承継し、経験や情報、ノウハウを持たないまま継いだことで、大変な苦労をする例が多くあります。武田家も、事前の承継が行われないまま、勝頼が武田家当主に就任しました。

　信玄が残してくれたのは、100万石におよぶ領地、将軍家や周辺大名とのネットワーク、有能な家臣団と、誰もがうらやむほどの遺産の数々でした。

　勝頼は、甲斐、信濃、駿河、上野と遠江の一部という広大な領地、室町将軍の足利家や一向宗の総本山の本願寺家、北条家など有力者とのネットワーク、高坂昌信や内藤昌豊、山形昌景など他家にも名をはせる人材と身に余るほどの財産を、家督争いなどのトラブルも無く引き継ぎました。

　戦国時代には家督争いは付きもので、信玄や信長をはじめ多くの戦国武将が経験していました。それらと比較すると、勝頼は順調なスタートを切れたと思われましたが、わずか10年後に武田家を滅亡に導いてしまいます。

武田家の滅亡までのプロセス

1572年	三方ヶ原の戦い（西上作戦）
1573年	武田信玄死亡（突然の家督承継）
1575年	長篠の戦い（譜代家臣の損失）
1578年	上杉家の御館の乱へ介入（北条家との対立）
1582年	織田家による甲州征伐（武田家の滅亡）

4 　後継者の武田勝頼は無能だったのか？

　武田家を滅亡させることになった勝頼は、決して無能だったわけではありません。

　武田家を滅ぼした信長は「日本にかくれなき弓取なれ共、運がつきさせ給いて、かくならせ給う物かなと御仰けり」と、勝頼は武勇にすぐれた武将であったが、滅亡したのは運が悪かったからだ、という高い評価をしています。

　武田信玄の好敵手（ライバル）でもあった上杉謙信も、当時同盟関係にあった信長に勝頼の武勇について警戒するようにと伝えるほど高く評価していました。

　信玄・勝頼時代の軍事や軍法を記した軍学書である「甲陽軍鑑」でも、強すぎる大将であると書かれていたように、武勇においては戦国時代でもトップクラスの武将として認知されていました。

　手紙と口コミしか通信手段がない時代に、周辺国にまで知れ渡るほどの武勇は相当高いレベルのものだったと思われます。

　事実、初陣で敵方と組打ちを行い討ち取っていきなり武功を挙げ、小田原城攻めでの撤退戦では殿を務めて追手と馬上で一騎打ちを行った記録が残っているなど、個人的な武勇は人なみ以上に優れていました。しかし、組織を運営する能力と、個人的な武勇は、まったく別のものでした。

　特に、先代から引き継いだ広大な領地と有能な家臣団のマネジメントとなると、高いリーダーシップ力とマネジメント能力が求められます。

5　名選手、名監督にあらず

　勝頼は、現代であれば、初めての飛び込み営業でいきなり大口顧客との契約を結んでくるような高い営業力を備えたビジネスマンです。営業成績も全社でトップクラスの若手社員という感じです。

　確かに、1人のプレイヤーや武将としては十分な才能を有していましたが、これが多くのスタッフを管理するマネージャーという立場になると求められる能力が違ってきます。

　野球で「**名選手、名監督にあらず**」と言われるように、プレイヤーと監督では、必要とされる能力に大きな違いがあります。

　ビジネスの世界も同様で、経営者としてトップに立つと、自らの手で商品やサービスを売ることよりも部下たちをマネジメントして組織をリードしていくのが重要な業務となります。

　総じて、創業者である先代の経営者は、営業力に加えて、マネジメント力、さらにはカリスマ性も備えていたりします。

　先代の経営者が偉大であればあるほど、後継者はその存在を越えなければいけないと強く焦りを覚えることが多いようです。

　また、20年、30年と長年に渡って先代についてきたベテラン社員たちは、実績ある先代と実力が不明な後継者を比較してしまいがちです。これは戦国時代であっても、現代であっても、組織を承継する際には、避けられない大きな問題でもあります。

6　古参家臣の取り扱いという後継者の苦悩

　長きに渡って先代についてきたベテラン社員全員と、いきなり良好な関係を築くのは難しいかもしれません。

このような場合、後継者は、年齢が近く話しやすい部下を重用したくなりますが、そうすると組織の資産でもあるベテラン社員たちが有するノウハウを活用できなくなります。彼らの信頼を得るためには時間をかけて新しいビジョンや理念を提示し、積極的にコミュニケーションを取って関係性を強化していく地道な方法しかありません。

　しかし、勝頼はコミュニケーションではなく自らの武勇を古参家臣たちに示めすことで、信頼を獲得しようと活動を始めます。それが、信玄が果たせなかった西上作戦です。領土拡大を成功させることで、外部だけでなく武田家内部にもその武威を示そうと試みました。

　勝頼は、手始めに作戦の拠点となる織田領東美濃の明知城を攻め取り、そのあとも織田・徳川家の領内に攻め込んで、飯羽間城、高天神城と積極的に奪い取っていきます。

　意外にも、勝頼時代に武田家は最大版図を築くことに成功しています。武勇に優れていた武将であることは間違いなかったようです。

7　長篠の戦い直前の武田家を取り巻く状況

　この時期の武田家をSWOT分析してみると、強みの武勇を発揮して領土拡張を進めるなか、外部環境に大きな変化が起きつつありました。信長包囲網の弱体化です。まだ、包囲網は存在しつつも、足利家や本願寺の力は大きく弱まりつつありました。すでに頼りにしていた朝倉家・浅井家が滅亡し、長島の一向一揆が鎮圧されるなど、武田家にとって外部環境は悪化の一

武田勝頼時代（長篠の戦い直前）

	強み	弱み
内部環境	●勝頼の優れた武勇 ●足利家、本願寺とのネットワーク ●最大100万石超の版図 ●北条家との同盟	●**古参家臣との関係性の悪化** ●**一門衆との関係性の悪化** ●重要拠点の奥平家の離反
	機会	脅威
外部環境	●信長包囲網の動き	●織田家の勢力拡大 ●朝倉・浅井の滅亡 ●一向一揆の弱体化

途を辿っていました。

　そのころ、内部環境である武田家の団結力にも、すきま風が吹きつつありました。徳川家と対峙していた重要拠点である長篠城の奥平家が裏切るなど組織の内部にゆるみが出ていました。

　勝頼は、徳川方へ寝返った長篠城の奥平貞能を強引に攻めて、軍事力を頼りに組織のゆるみの解決を図ります。そして、信玄の病死から、わずか2年後に、武田家の運命を左右する長篠の戦いを起こします。

　この当時の状況について、甲陽軍鑑では、山県昌景、内藤昌豊、馬場信春たちの古参家臣たちは反対をしたものの、勝頼は重用している側近の意見に従って無理に戦を仕掛けたと書かれています。

　勝頼は、ベテラン社員たちの経験に基づいた意見を無視し、強引な作戦に打ってでました。ここで自らの力を誇示できれば、古参家臣たちも新当主に心服するに違いないと思っての行動だったのでしょうか。

　勝頼の心の内は不明ですが、結果として、長篠において、織

田・徳川連合軍に歴史的な大敗を喫します。

8　長篠の戦いでの大幅な組織力の低下

　武田家は、有能な譜代家臣の多くを失って、国力を大きく低下させてしまいます。

長篠で戦死した家臣（武田二十四将クラス）

山県昌景	馬場信春	内藤昌豊
土屋昌次	真田信綱	三枝守友
原昌胤		

　しかも、長篠の戦いの敗戦のきっかけは、中央軍にいた一門衆の武田信廉と穴山梅雪が敵前逃亡のような形で早々と退却をしたことで、布陣が崩れたのが原因とも言われています。勝頼は、古参家臣だけでなく、一門衆との関係性も確立できていませんでした。武田家は戦う以前から組織的に末期の状態だったのです。

　また、そのあとの外交戦略でも大きなミスを犯してしまい、勝頼の元から、武田家の一門衆である木曾義昌や穴山梅雪までもが離反していきます。信玄時代の最大の強みだった「**人は城、人は石垣、人は堀、情けは味方、仇は敵なり**」が崩壊し、武田家滅亡のカウントダウンが始まることになります。

9　実利を求めた外交で家中における信頼回復を狙う

　勝頼は、長篠の戦いで多くの人材を失って組織力が低下した分を、周辺国との同盟関係の見直しにより、残った家臣たちと

武田勝頼時代（甲州征伐直前ごろ）

内部環境	強み	弱み
	●勝頼の優れた武勇 ●上杉家との同盟 ●毛利家との同盟	●古参家臣の損失 ●一門衆の離反 ●朝敵認定

外部環境	機会	脅威
	●各地の反織田勢力の存在	●織田家と北条家の同盟 ●信長包囲網の弱体化 ●浅間山の噴火

の信頼回復に努めようとします。

　長篠の戦いで敗北した３年後に、上杉謙信が突然亡くなり、後継者を正式に決めていなかった上杉家内で、謙信の養子である景勝（姉の子）と景虎（北条家出身）による家督争いである御舘の乱が勃発します。

　武田家と同盟関係にあった北条家は、自家に有利な環境を作るために、勝頼に景虎の後方支援を依頼します。その依頼を受けて、越後に向かった勝頼ですが、独断で景虎と景勝の調停を行おうと試みます。

　そして、北信濃の上杉領と黄金を引き換えに、景勝と和睦を結んで、北条家に断りもなく勝手に兵を引き上げてしまいます。勝頼は、兵を一切失うことなく、領地と黄金という目先の実利を得ることに成功し、家中での信頼回復を狙いました。

　しかし、この行動は、長年友好関係にあった北条家からの信頼を失うことになりました。

　そのあと、この家督争いに景勝が勝利し、上杉家と同盟関係になったことで、逆に北条家とは対立関係になりました。

1582年、多くの古参家臣を失い組織的な弱体化が進み、頼みの織田包囲網もほぼ瓦解している状況で、織田家による甲州征伐が開始されます。

　しかも、長年友好関係にあった北条家は、織田・徳川と同盟を結んで、甲州征伐を後方支援し、武田家滅亡をサポートするという状況に陥ります。ここでも、「人は城、人は石垣、人は堀、情けは味方、仇は敵なり」の**仇は敵なり**がポイントになっています。

　もし、御館の乱で景虎を支援していれば、上杉家、武田家、北条家の強固な三国同盟ができて、巨大な兵力を有する織田・徳川の連合軍と対峙できたかもしれません。

寝返った一門・親戚

武将名	妻
木曾義昌	勝頼の義兄弟
穴山梅雪	勝頼の義兄弟
下条信氏	勝頼の伯父
小笠原信嶺	勝頼の義理のいとこ
小山田信茂	勝頼のはとこ

　最後は、一門衆の離脱や寝返りによって組織的な対抗ができないまま、はとこの小山田信茂の裏切りにあい、武田家は滅びました。

　古参家臣だけでなく、一門衆との信頼関係も失っていました。信玄の死からたった10年で、遺産を食いつぶす結果となりました。偉大な先代の跡を継ぐことの難しさを示めす事例です。

まとめ

　戦国時代でも現代でも、スムーズな事業承継は、非常に難しい課題です。事業承継をしたばかりの武田家に必要だったのは、先代の信玄に負けない実績を示すことではなく、ベテラン家臣団や一門衆、周辺同盟国との地道なコミュニケーションによる関係性の再構築でしょう。信長が推し進める天下統一の進捗状況の速さを見て焦りが生まれ、武勇でのリーダーシップに走ったのかもしれません。

　しかし、古今東西の事例をみても、無理な外征の失敗が、自国の滅亡に繋がった例は山ほどあります。一か八かの作戦は避けるべきです。先代が偉大であればあるほど、後継者は地道にコツコツと組織を固めていくことが重要です。

　現代においても、リーダーシップとマネジメントにもっとも必要なものはメンバーとの信頼関係です。組織を承継したばかりの後継者は派手な実績作りに走るのではなく、メンバーとの地道なコミュニケーションこそ優先すべき施策だと、武田家の事例は教えてくれています。

　勝頼も、信玄の残した西上作戦に焦って着手せずに、北条家や上杉家との関係強化を行いつつ、譜代家臣たちとの関係性の強化など家中の引き締めを行い、財政を強化し力を蓄えていれば、違った歴史になっていたかもしれません。

2 上杉景勝

なぜ、戦国時代を経て、米沢藩として幕末まで生き残れたのか？

うえすぎかげかつ
上杉景勝は、軍神と呼ばれる上杉謙信の亡きあと、上杉家を
二分する家督争いで勢力を大きく弱体化させてしまいました。
しかし、武田家や北条家が滅びるなか、生存競争を勝ち抜き、
米沢藩として幕末まで存続できました。

なぜ、不確実性の高い戦国時代を生き延びることができたの
でしょうか？

上杉景勝 年表

1556年	長尾政景の子として誕生。母は上杉謙信の姉。
1564年	謙信の養子となる。
1578年	謙信が死去。景虎と家督を争う御館の乱が勃発する。
1579年	景虎が自害。上杉家の家督を承継する。
1582年	本能寺の変後、天正壬午の乱が勃発する。
1583年	豊臣秀吉と講和し、賤ヶ岳の戦いを後方支援する。
1598年	関東東北の抑えとして、会津120万石に転封となる。
1600年	関ヶ原の戦いで、三成派として敗れる。
1601年	出羽米沢30万石に減封され、米沢藩を起こす。
1623年	米沢城で死去。

1 室町幕府体制の護持を目指した上杉謙信

戦国武将と言えば織田信長や豊臣秀吉、徳川家康、武田信玄
と並んで必ず名前が挙がるのが越後の龍こと上杉謙信です。謙
信は、現在の新潟県である越後国の守護代長尾為景の次男とし
て生まれました。父為景の死後、家中で承継トラブルが起こり

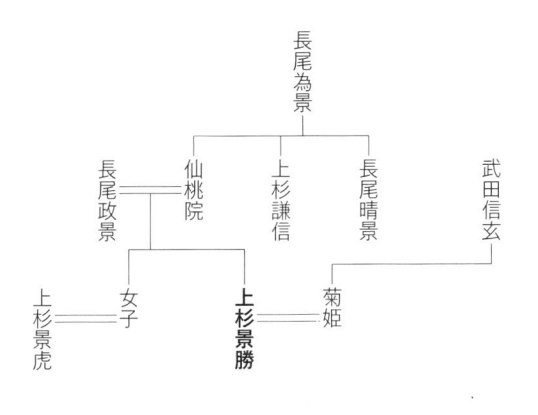

兄の晴景と入れ替るように長尾家の家督を継ぎ、長尾景虎と名乗りました。

そのあと、関東管領の上杉憲政の養子となり、山内上杉家の名跡を相続し、上杉政虎を名乗りました。現在では、法号である謙信の方でよく親しまれています。本拠の春日山城がある新潟県を中心に、長野県や群馬県の一部を支配下に置き、最盛期には富山県や石川県まで勢力を拡大しました。

また、謙信は関東管領という室町幕府の職に強いこだわりがあり、関東の諸侯から支援要請を受けると遠く現在の神奈川県の小田原城まで遠征をしていました。さらに、足利義昭から幕府復興への助力の要請を受けると信長包囲網に参加して北陸方面に進出しました。

このように室町体制の護持に対して忠実に行動する律儀な面を見せるのが謙信の特徴です。信長と比べると古い室町体制を守護する保守的な戦国大名と言えます。

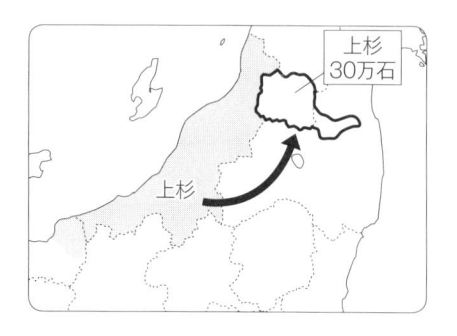

上杉
30万石

上杉

　信長が足利義昭を奉じて室町幕府体制を維持しているころまでは信長に好意を持っており、同盟を結んで贈り物や書状の交換を行っています。信長にとっては、信玄と同じぐらい敵として戦いたくない相手でした。信長が恐れるように、謙信は戦においては比類の強さを見せて、大きな戦での敗けは生涯ありませんでした。

　有名な川中島の戦いでは、武田信玄と5度に渡って戦い、謙信が有利に戦いを進めることも多く、信玄を追い詰めたことも何度もありました。そのため、好敵手である武田信玄からは「日本無双之名大将」と評せられるほどでした。

2 上杉謙信の最大の課題は組織力の強化

　戦で負け知らずの謙信は、内政面でも特産品として青苧の栽培に力を入れ、直江津港や柏崎港を整備して、日本海ルートから京や上方に販売し、大きな利益を得ていました。

　また、戦国時代には珍しく、金山開発にも乗り出すなど軍事だけでなく経済にも明るい武将でした。

　謙信は、戦上手のイメージが強いので、意外に見えますが、

上杉謙信（上洛作戦前）

	強み	弱み
内部環境	●謙信の指揮能力 ●経済力の高さ ●本願寺との講和 ●武田家との同盟	●後継者問題 ●家臣の謀反や派閥争いの多さ ●長尾一族の争い
外部環境	機会	脅威
	●信長包囲網の動き ●越中国の一向一揆の鎮静化 ●松永久秀などの謀反	●織田家の勢力拡大 ●北条家の動向

内政力の高い戦国武将でした。

　しかし、軍事と内政のどちらにも万能に見える謙信にも、長年にわたる大きな悩みがありました。それは、家臣同士の境界争いや紛争などの上杉家内部の組織的な問題です。

　過去から続く長尾一族による対立や、重臣の北条高広や本庄繁長、従属している国人衆が、たびたび裏切る等、組織体制に関する課題が山積みのままでした。

　武田家や北条家には、度々この弱みを突かれるため、関東での勢力の拡大が進みませんでした。家中を二分するほどの派閥争いが起きて、さすがの謙信も嫌気がさし、上杉家を放り出して一度は隠居し高野山へ出家するほどでした。

　これは家中を統一させるためのパフォーマンスだったとも言われていますが、その一か八かの賭けをしなければいけないような家中の状況でした。何とか武力と内政力で上杉軍団をまとめていた謙信でしたが、長く放置していた大きな課題がありました。それは、自身の後継者の指名です。

3 先代の突然の死が巻き起こす波乱

　謙信は、生涯不犯を守ったため、実子がいませんでした。戦国時代には、妻帯していても実子に恵まれないことも多かったので、養子を迎え入れて後継者にすることは日常茶飯事でした。謙信も姉の子である上杉景勝や、北条家からの人質でもある上杉景虎を含めて複数の養子をとっていました。このなかでは、血統的にもっとも近いのが姉の子である甥の景勝でした。

上杉謙信の養子・猶子

養子・猶子	実父
上杉景勝	長尾政景
上杉景虎	北条氏康
畠山義春	畠山義続
山浦景国	村上義清

　しかし、景虎も景勝の姉を妻としていたので、その子どもの道満丸は謙信との血縁関係があります。婿養子に家督を譲る例もありますので、景虎にも後継者としての資格は十分にありました。また、景虎の背後に北条家があるため、恒常的な越相同盟の締結も期待できる存在です。

　景勝、景虎のどちらとも謙信とは、縁戚関係にあるので、後継者としての資格を有しているものの、正式な決定がされていませんでした。謙信は、景勝を越後守護職に、景虎を関東管領にと分けて後継させる構想だったという説もありますが、それについても明確な資料が残されていないため、仮説の域を出ていません。同盟関係にあった信長との戦いが始まり、後継者問

題は放置されていました。

そのような状況のなか、能登への遠征から戻ってきていた謙信が春日山城の厠で急死します。そして、恐れていた景勝と景虎による上杉家を二分する「御舘の乱」と呼ばれる激しい家督争いが勃発します。現代でも、後継者を明確にしないまま先代が急死したことで、会社を2分、3分する後継者争いが始まって、会社が未曾有の大混乱に陥る事例は多々あります。

そうなると、どちらが勝利しても会社の評判を悪化させ信用低下を招くこともあるので後継問題については、早めに準備しておくべきです。

4　後継者争いを利用して組織改革

上杉景勝は、先代の華やかな謙信の影に隠れて、地味な戦国武将の部類に入りがちですが、かなりしたたかな人物です。

また実際、非常に寡黙な人物で、感情を表に出すことも少なく、その姿に傾奇者で武辺者の前田慶次が感服し、上杉家に仕官したという逸話があります。景勝には、一種独特なカリスマ性があったようです。

当時、どこの戦国大名の家中にも、大なり小なりの派閥やグループが存在しており、ことあるごとに家督争いやお家騒動を引き起こす原因となっていました。

戦国大名は、血縁や利害が絡み合う地方豪族の集合体の上に乗っかっているのが実態で、微妙なパワーバランスに支えられていました。上杉家も例にもれず、謙信の出身の長尾家は「府中長尾家」「古志長尾家」「上田長尾家」の3つに大きく分かれ

ており、越後の主導権を巡って長く対立を繰り返していました。

　上杉家は、常に派閥争いの火種を抱えていましたが、いままでは謙信というカリスマ性によって抑え込んでいました。しかし、重石である謙信が亡くなったことで派閥争いによる対立が再燃しました。そこで、上田長尾家出身の景勝は、御舘の乱において勝利すると、将来を見据えて、景虎側についた古志長尾家や敵対した譜代家臣を徹底的に排除していきます。

　また、長尾家だけでなく、山之内上杉家や守護上杉家など、自身の当主権をおびやかす可能性のある存在の排除も同時に行い、自身の派閥を中心にした新しい体制に刷新しました。江戸時代の上杉米沢藩の上級家臣をみると、景勝がいままでの譜代家臣よりも揚北衆、信濃衆などの外様衆を重用していったのがわかります。

　しかし、この組織内部をクリーンアップした改革が、上杉軍団としての団結力を高め、そのあとに起こる数々の苦難を乗り越える土台となりました。そして、大きな環境の変化がやってきます。

5　本能寺の変という奇跡に救われる

　上杉景勝は、ライバルの景虎を倒し、家督を承継できたものの、その間に、加賀・能登など北陸地方の領地は、織田家に奪われてしまい、上杉家の支配地域は越後のみとなっていました。

　さらに、上杉家の課題であった団結力の向上のため自身の派閥の重用を進めた結果、重臣の新発田重家の反乱に合い、越後一国の統一もままならない状況になりました。

上杉家（御舘の乱直後）

	強み	弱み
内部環境	●家中の団結力 ●謙信以来の軍法 ●律儀者のイメージ	●**家督争いによる国力の疲弊** ●大幅な版図の縮小 ●新発田重家の反乱
	機会	脅威
外部環境	●信長包囲網のわずかな動き	●**織田家の圧力** ●同盟国武田家の滅亡 ●北条家が織田家に臣従

上杉家を取り囲む危機的状況

富山方面	織田家の柴田勝家
長野方面	織田家の森長可
群馬方面	織田家の滝川一益
福島方面	芦名家などの東北諸勢力
越後国内	元家臣の新発田重家の反乱

　数年後には、北信濃を割譲してまで同盟を結んだ武田勝頼が、織田家によって滅ぼされてしまいました。気が付けば、まさに四面楚歌、いや五面楚歌の状況でした。

　現代であれば実力で新社長の座を手に入れ、組織改革を進めてきたものの、業務提携先の企業の倒産と大手競合をリーダーとした企業連合による攻勢により、危機的状況に陥った企業のようでした。

　無口で感情を表さないと言われる景勝も**「自分はよい時代に生まれた。六十余州を相手に越後一国をもって戦いを挑んで対峙し、滅亡することは、死後の思い出である」**と佐竹義重に弱音を吐いた書状を送るほど追い込まれていました。

　しかし、織田家と戦って死を決していた景勝に、奇跡のよう

に「本能寺の変」という神風が吹き、危機的な環境が大きく変化しました。

6　先代の意志を捨てて戦略を転換

　1582年、本能寺において信長が斃され、織田家が大混乱に陥り、上杉家を取り巻く環境が一気に流動的になりました。

　巨大な脅威が消滅したことで、上杉家に謙信時代のような勢力を挽回するチャンスが、突如降って湧いてきました。

　もし、景勝が先代の謙信のような保守的なタイプや、先代の意思を継ごうと思う生真面目なタイプであれば、室町幕府体制の復興を目指して、上洛のため京を目指したかもしれません。

　しかし、景勝は上杉家を取り巻く環境の動向を見極めて、より現実的な戦略へと転換します。

　景勝は、織田家内部の主導権争い後に、新しく台頭するであろう人物との関係性の構築を図ります。

　いち早く羽柴秀吉に目をつけ、早期に業務提携を決断して誼を通じます。そして、柴田勝家との権力闘争に際しては越後からの後方支援を行います。謙信時代の旧領である加賀・能登の回復に意欲を示さず、柴田方の佐々成政を加賀に釘付けにする陽動作戦に専念しました。

　結果として、柴田勝家を滅ぼした秀吉は順調に旧織田家中の主導権を握ると、徳川家康をも従えて巨大な豊臣政権を樹立します。1586年に、景勝は毛利家や徳川家を差しおいて誰よりも早く上洛して人質を差し出し、正式に臣従を誓います。

　直接、戦わずして臣従するのは、大胆な決断ですが、この戦

上杉家（本能寺の変後）

内部環境	強み	弱み
	●家中の団結力	●**家督争いによる国力の疲弊**
	●謙信以来の軍法	●大幅な版図の縮小
	●律儀者のイメージ	●新発田重家の反乱
外部環境	機会	脅威
	●織田信長の死	●北陸の柴田勝家の存在
	●**織田家中の主導権争い**	●北条家や東北諸侯の動向

略転換が功を奏し、秀吉からの信頼を得た上杉家は豊臣政権内で重きをなし、のちに五大老に任じられるほどでした。

また、徳川家や伊達家、最上家など関東や東北の諸侯に睨みをきかせるため、越後から会津へと転封となり、120万石の大大名となります。謙信時代に匹敵するかそれを超えるほどの大領を手に入れました。

皮肉にも秀吉からの信頼を得たことで、豊臣政権における関東管領のような役目を担うことになりました。謙信が足利家から室町幕府の護持者として期待されたように、景勝も豊臣政権の護持者を期待されるようになりました。

景勝は、その期待に応えるかのように、秀吉亡きあとの関ヶ原の戦いでは、石田三成と連携し、政権奪取を目論む徳川家康と対峙しました。職務に対して律儀な点は上杉家の伝統かもしれません。

なお、このときに有名な「直江状」を送り付けて、家康を慇懃無礼になじり激怒させたのは有名な逸話です。

7 環境の変化を見据えて再度の戦略転換

　景勝は、関ヶ原の戦いで敗軍となると、豊臣家への義理を果たしたとして、これまでの戦略を転換し、徳川政権下での一大名として上杉家の存続を図る選択をします。

　懇意である結城秀康を通じて家康に謝罪し、120万石から4分の1の30万石への減封を受け入れて米沢に入部します。ここからは豊臣政権の復興を目指すことなく、徳川体制の下での生き残りを踏まえた戦略に転換していきます。

　家康の寵臣である本多正信の次男を、家老の直江兼続の養子として迎え入れるなど、徳川家に叛意が無いことを示します。また、家康の六男松平忠輝の居城高田城築城に関する天下普請に応じて、天敵である伊達政宗の指揮下で律儀にその職務を務めます。

　大阪の陣には、景勝自身が部隊を率いて参戦し、鴫野の戦いでは数に勝る敵軍を退ける活躍をするなど、上杉家の強みである武力と律義さで、徳川家に尽くす姿勢を見せました。

　そうした戦略の転換が功を奏し、上杉家は米沢の地に長く根を下ろすことができました。戦国時代という環境下で、戦国武将たちは厳しい生存競争にさらされ、明治維新まで大名として生きながらえた家はあまり多くはありません。織田家や武田家など戦国大名とされる146家のうち、たったの33家しか幕末まで大名として残ることができませんでした。

　生存確率22％ほどと考えると、泰平の世の江戸時代とはいえ少しの経営判断のミスでも、御家の滅亡に繋がるなど、厳しい時代でした。

　かつて天下に覇を唱えた織田信長の子孫や豊臣秀吉の本姓を継ぐ者であっても、わずかな所領の大名としてしか維新を迎えることができませんでした。

織田氏・豊臣姓の大名の石高

織田氏	天童藩	1万8,000石
	柏原藩	2万石
	柳本藩	1万石
	芝村藩	1万石
豊臣姓 （木下氏）	足守藩	2万5,000石
	日出藩	2万5,000石

　名門の武田家や今川家などは、大名ではなく高家旗本というお情け的な形で何とか存続を許されるという厳しい世界です。同時期に関東地方で覇を唱えた北条家であっても、ギリギリ1万石程度の大名という過酷な環境でした。

　上杉家が、関ヶ原の戦いを生き延びて、国持大身大名として明治維新を迎えることができたのも、環境の変化に合わせてその都度、戦略転換を行ってきたからです。

まとめ

　かつて関東で覇を競った戦国大名たちが消えていくなか、景勝が率いる上杉家は、紆余曲折ありながらも、関ヶ原の戦いを経て、米沢藩として幕末まで続きました。

　現代の企業でも偉大な先代の創業者の理念や戦略に縛られて、環境の変化に乗り遅れて業績を悪化させてしまうことがよくあ

ります。これは過去の成功体験からの脱却の難しさを非常によく表しています。

　しかし、景勝は先代当主の謙信の理念や戦略に縛られずに、上杉家がおかれている状況に合わせて戦略を転換していくことで、生き残りに成功しました。大きな外部環境や市場の変化の度に戦略を代えるのは非常に困難を伴いますが、これができなければ組織を永続させていくのは難しいと思います。

　現代でも、企業はいままでの成功体験に縛られることなく、市場や環境の変化を見据えて、戦略を転換させながら、事業を展開させていくことが重要です。

　かつて、カメラのフィルムを事業のメインにしていた某メーカーは、デジタル時代の到来によるフィルム市場の大幅な縮小を見越して、強みである科学力や技術力を活かし、化粧品や医薬品、再生医療へと進出しました。環境変化に合わせた戦略転換に成功しています。

　有名電機メーカーもデジタル機器メーカーとして一時代を築きましたが、米IT系メーカーの台頭、韓国や中国のメーカーが参入してきたことで、収益の柱を保険・金融やエンターテイメント事業へとシフトし、戦略転換に成功しました。

　創業130年以上のゲームメーカーも、花札やトランプのメーカーでしたが、アナログなカードゲーム市場の縮小を踏まえて、デジタルゲームメーカーへと戦略転換を図り、成功しました。企業の永続性には、新規事業への移行など戦略の転換は必須です。

　上杉家もそのあと、上杉鷹山による事業再生や、幕末の奥羽

越列藩同盟からの離脱など、環境変化に合わせて戦略転換を続けることで、廃藩置県になるまで米沢藩を維持できました。組織の強みを活かしながら、環境に合わせて戦略転換することの大事さについて、この上杉景勝の事例は物語っています。

3 北条氏政

なぜ、確立された政治システムを持ちながら、滅びてしまったのか？

北条氏政は、早雲以来の安定した政治システムの元で、家督
争いや謀反などで弱体化することなく、北条家史上最大の版図
を築くことに成功しました。しかし、豊臣政権との外交交渉に
失敗し、滅ぼされてしまいました。

なぜ、安定した政治体制を有しながら、判断を誤ってしまっ
たのでしょうか？

北条氏政 年表

1538年	北条氏康の次男として誕生。母は今川氏。
1559年	氏康の隠居により家督を承継。二頭政治を始める。
1571年	氏康が死去。武田信玄と同盟する。
1580年	次男の氏直に家督を譲る。二頭政治を始める。
1582年	本能寺の変後、天正壬午の乱が勃発する。
1585年	北条家領を240万石に拡大させる。
1590年	豊臣家の小田原征伐を受けて自害する。
1600年	北条一門の氏盛が河内狭山1万石の大名に復帰する。

1 初代早雲からの方針と政治システム

戦国時代、北条家は、現在の静岡県の伊豆地域や神奈川県を
拠点とし、初代の早雲から氏綱、氏康、氏政、氏直と五代に渡
って、戦国大名として関東地方に君臨しました。

北条家の歴史は、早雲こと伊勢新九郎が1493年に伊豆を平定
したところから始まります。代を重ねるごとに支配領域を広げ、

相模・武蔵・下総・上総北部・上野にまで及びました。

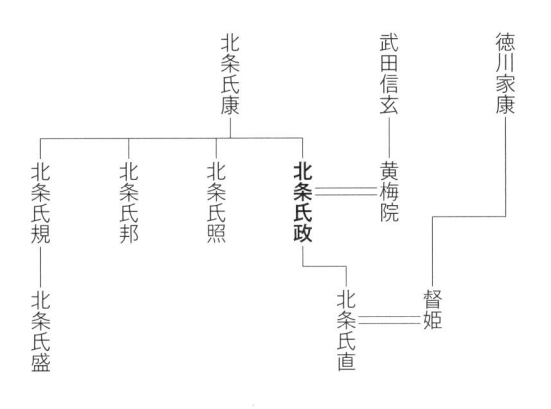

　ちなみに、北条へと名を変えたのは、関東の名族であった鎌倉幕府の執権北条氏の後継であること示し、関東支配の正当性を主張するためと言われています。北条家の代々の方針は、室町時代の鎌倉府のように京の中央政権から独立した体制の構築と言われています。これは、独立心の強い関東武士の意向にマッチした戦略でした。

　そのあと、下野や駿河・甲斐・常陸の一部も領有し、氏政・氏直のころには240万石に達しました。現在でいうと、東京都、神奈川県、埼玉県、千葉県と群馬県の大部分と、静岡県の東部、いわゆる首都圏のほとんどをその支配下に置いていました。まさに、戦国時代にかつての鎌倉府を再現していくようでした。

　周辺には、武田家、今川家、上杉家などの強力な戦国大名が存在し、領土拡大に向けて何代にも渡り激しい攻防を繰り返していました。1496年に、早雲が小田原城を奪取してから、氏直の代で滅びるまで、95年間もの永きに渡り安定して北条家が存

	北条氏政と北条家（1585年ごろ）	
	強み	**弱み**
内部環境	● 240万石の領地 ● 謀反のない安定した合議政体 ● スムーズな承継	● 当主に決定権がない ● 氏政・氏直による2頭体制
	機会	**脅威**
外部環境	● 本能寺の変による織田政権の混乱 ● 豊臣家と徳川家の対立	● 豊臣秀吉の勢力拡大 ● 豊臣家と上杉家の同盟

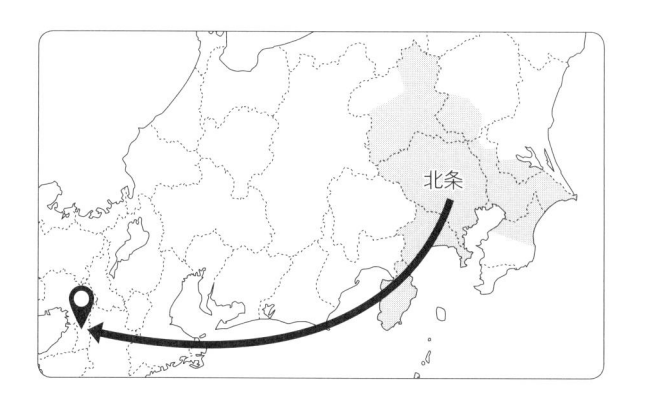

続できたのには、その政治システムに理由がありました。

　北条家は、五代に渡り、家督争いも起きない、家臣の謀反や裏切りもほとんどないという非常に理想的な体制を築きあげていました。近隣の武田家、今川家、上杉家（長尾家）では家督の承継時に度々トラブルが起きていました。北条家が安定した政治システムの元、スムーズに世代交代を進めていく隣で、今川義元、武田信玄、上杉謙信たちは、トラブルを経て家督を継いでいます。

　しかし、皮肉にも、北条家が滅びる原因になったのも、その安定性の高い政治システムが要因の1つとなりました。

2 家督争いや家臣の裏切りのない北条家

　川中島で何度も対決した武田信玄や上杉謙信は一般的にも有名な戦国大名です。テレビの人気ランキングでも必ず10位以内に入ります。その両家と互角以上に渡り合った北条家ですが、川中島の信玄と上杉のような派手さがないため戦国武将のなかでも比較的地味な部類に入ります。

　そんな北条家ですが、下克上が当たり前の戦国乱世において、北条家五代に渡り「**家督争いを起こしていない**」「**家臣などの裏切りがほとんど無い**」など、戦国一の安定感を誇る組織を有していました。一方、武田家や上杉家だけでなく、織田家や毛利家などでも親兄弟で家督争いをしています。逆に戦国時代では当たり前の光景でした。

戦国武将の主な家督争い

勝者	敗者
武田信玄（子）	武田信虎（父）
上杉謙信（弟）	上杉晴景（兄）
今川義元（弟）	玄広恵探（兄）
織田信長（兄）	織田信勝（弟）
毛利元就（兄）	相合元綱（弟）
大友宗麟（子）	大友義鑑（父）

　上杉家では謙信のあとにも家督争いを起して、家中を二分する大規模な後継者争いとなり、国力を大きく低下させました。どの時代でも組織は内部からの崩壊が決定打となって滅びるケースが多く、特に後継者争いを原因とする事例は、現代でもよく見られます。

特に、戦国時代の家督争いの多くは、家臣たちが自分に有利な体制を作ることが理由だったため、いかにしてそれらを未然に防ぐかが重要なポイントです。

北条家は、定期的に本拠地である小田原城にて一門衆や家老、重臣たちによる「評定」を行っていました。この「評定」が、関東独立を目指す北条家五代を支える重要な統治システムでした。また、独立心の強い関東武士たちの意識を北条家への参加意義へと変える機能を持っていました。

3 小田原評定という民主的な北条家の合議制

現代では、「小田原評定」との揶揄によって悪いイメージを持たれがちですが、本来、評定とは複数のメンバーの合議によって重要事項等を決定する民主的な意思決定プロセスのことです。現代的には合議制と呼ばれるものの戦国版です。

北条家では、領国が広がるにあたり当主による独裁的な政権運営を回避し、公平性や透明性を確保し、家臣や領民の不満を軽減させることを目的として導入されました。そのため、北条家の家臣たちは、わざわざ危険を冒してまで自分たちに有利になる当主を奉じて、家督争いを起こす理由がなかったのです。

このシステムは、決定までに時間がかかるデメリットもありますが、平時や各勢力のパワーバランスが均衡している安定した環境では、理想的な統治システムです。このシステムは徳川政権に引き継がれ、幕政に関わる重要事項や大名旗本による訴訟などについては、老中に三奉行をくわえた合議により決める評定所が置かれました。ここに目付や大目付が審理に加わるこ

ともありました。旧北条領に移った徳川家が、多くの北条家の元家臣を仕官させたことが影響しているかもしれません。

　ただ、環境の変化の激しい幕末には、意思決定の遅れや、責任の所在の曖昧さが問題とされて江戸幕府も合議制から独任制に変更されます。戦国時代の北条家も同じ事態に直面することになります。

4　公正さを担保できる意志決定

　現在では、小田原評定と聞くと、豊臣秀吉による小田原征伐において抗戦か降伏かをなかなか決められずに北条家の滅亡に繋がったというイメージが強く「いつになっても何も決められない」というネガティブな言葉として使われています。

合議制のメリット・デメリット

メリット	デメリット
・決断の慎重さや公正さの担保 ・利害調整が可能 ・高度な専門知識や能力を反映できる	・決定までに相当な時間が必要 ・結論が曖昧になる ・責任の所在が不明確になる

　しかし、実際は、比較的公正さを担保できる民主的で理想的な意思決定プロセスでした。参加者の意見を聞きつつ決定していくため、最終的にどこにも角を立てないように調整もできます。これは、欧米企業のようなトップダウンで強引に決める体制に比べると、日本人に向いている決定プロセスだと言われています。

　また、複数人が参加し決定していくため、その過程における

透明性や納得性も高めることができます。このシステムは、組織内の不平不満を軽減させ、メンバーのモチベーションやロイヤリティ（忠誠心）を維持するためにも効果的です。

　本来、戦国大名の大きな役割として、家臣たちが持つ領地の境界争いの裁定や調停を期待されていたため、評定という民主的なシステムが持つ公平性や納得性は非常に重要なポイントでした。戦国大名は、血縁や利害が絡み合う地方豪族の集合体の盟主という存在でした。関係者たちの微妙なパワーバランスに支えられているため、家臣たちの意見に耳を傾け、その意志を尊重する必要がありました。

　特に、全国のなかでも独立精神豊かな関東武士に対しては最適なシステムでした。逆に、織田信長のようなトップダウンが強い組織は、不満や不安を抱く家臣も増える可能性が高く、家臣の謀反や離反が少なくありません。

トップダウンのメリット・デメリット

メリット	デメリット
・意思決定から実行までのスピードが早い ・組織として一貫した動きが可能 ・大胆な方針転換が可能 ・責任の所在が明確	・部下から不平不満が生まれやすい ・トップの能力に大きく依存 ・トップに人望が必要

　実際、織田家の場合、遅れて臣従した外様の家臣たちの裏切りがあとを絶ちませんでした。

　織田家で重用されていた松永久秀や荒木村重、明智光秀たちでさえも次々と謀反を起こしています。これは、信長が採用し

た織田家のトップダウン型の政治システムを受け入れられず、何かしらの不満や不安を持っていたのではないかと考えられます。それが本能寺の変の遠因かもしれません。

5　合議制が生きる環境とは？

　民主的な合議制は、緊急性の少ない平時や、シェアを数社で寡占している均衡した市場など、意思決定までに時間の余裕を持てる環境において、そのメリットを享受できるシステムです。

　氏政のころは、北条家（150万石）、武田家（130万石）、上杉家（145万石）の三家によりパワーバランスが絶妙に均衡し支配領域が安定していました。小競り合いはあるものの環境に大きな変化が少ない時期だったため、合議制の問題点は噴出しませんでした。

　平時という意味では、江戸時代のように天下が安定している環境でこそ、よりその魅力を発揮できました。徳川幕府では、さらに月番制を導入して、中心となる決定者を交代制にすることで、個人の責任の負担軽減を図りつつ権力の集中を防ぎ、公平性や透明性を担保しました。この合議制を主体とした意思決定プロセスは、江戸時代の260年間、大きな問題もなく稼働していました。

6　合議制と二頭政治による危機対応の遅れ

　1582年、織田家によって武田家が滅ぼされたことで、北条家を取り囲むパワーバランスが一気に崩れました。関東エリアは織田家の一強と、北条家と上杉家の二弱になり、かなり不安定

な環境になりました。北条家は、この状況を回避するため織田家と同盟しての関東統治を望んで交渉していましたが、信長からは無視され絶望的な状況になりつつありました。

しかし、奇跡的にも本能寺の変が起こり、武田家の旧領を含む関東地方は、北条家、徳川家、上杉家の三家による新しいパワーバランスで均衡する環境に戻りました。このころに北条家は最大版図を築き、念願の鎌倉府のような体制に近づきました。しかし、豊臣秀吉が信長亡きあとの実権を握り巨大な中央政権を築き、上杉家が臣従したことで、関東におけるこれまでの均衡状態は完全に崩壊していきます。

加えて、1586年に同盟国の徳川家が上洛して秀吉に臣従を誓ったことで、再度、巨大な中央政権との緊張関係が始まりました。そして、豊臣政権は、西日本を完全に支配下に置き、北条家に対して当主の上洛を求めてきました。今度こそ、北条家は、早雲以来の野望でもある関東での独立割拠を捨てるかどうかの最大の岐路に立たされ、急ぎの返答を求められます。

しかし、ここで、決定までに時間がかかるという合議制のデメリット面が出てしまいます。しかも、隠居して政務を後見する氏政と、現当主である長男氏直の間で、上洛要請への対応に意見の相違が見られるようになり、北条家の二頭政治のデメリットも出てしまいました。

本来、北条家の二頭政治は、スムーズな事業承継を行い家中の混乱を防ぐためのもので、一説には二代目氏綱のころから実施されていると言われています。この事業承継のおかげで、北条家は、後継者による骨肉の争いを防いできました。しかし、

北条家代々の戦略転換という重要な決断事項を前に、ほとんど機能停止状態となりました。

7 北条家5代の野望に縛られる

現代の企業でも、過去に掲げた方針や戦略を変更できないまま、環境の変化に対応しきれずに、業績を悪化させる例は多々あります。例えば、利益を無視して売上高や店舗数で日本一を突き進んできた企業が、巨大な不景気の波に直面したときに、大胆な方針転換ができず、売上低迷によって巨額の負債を抱えてしまった例も多々あります。

関東独立という目標が北条家の存在理由や大義名分でもあり、合議制や二頭政治と合わせて、北条家の組織風土となっていました。

しかし、北条家が鎌倉府と同様の版図を築いたころには、取り巻く外部環境は大きく変わっていました。豊臣政権が西日本を統一し、徳川家、上杉家、佐竹家など関東の戦国大名の多くが臣従したことで、北条家にとって不利な状況になっていきました。対応を遅らせ続けた結果、北条家の選択肢は、秀吉に無条件で臣従する以外に残されていませんでした。

	北条氏政と北条家（小田原征伐時）	
内部環境	強み	弱み
	● 240万石の領地 ● 安定した合議政体 ● 徳川家との縁戚関係	● 当主に決定権がない ● 氏政・氏直による2頭体制
外部環境	機会	脅威
	● 伊達家などの動向	● 豊臣秀吉による西日本の支配 ● 豊臣家と上杉家の同盟 ● 徳川家の豊臣家臣従

　豊臣政権からの上洛要請に対して、当主の氏政または氏直が、前向きに検討しても、合議制ゆえに、周囲の反対によって実現できない、進まないという状況に陥りました。二頭政治を解消するため、氏政が完全に隠居しようとしましたが、それもただの時間稼ぎとしか捉えられず、豊臣政権による小田原征伐を招いてしまいます。

8 危急存亡の秋でも変われない組織

　北条家は、秀吉率いる20万にも及ぶ大軍で拠点の小田原城を包囲されてしまいました。このような状態になってからでも、北条家の評定では意見がまとまらずに意思決定するまでに無駄に時間を費やしてしまいました。講和するにしても城を囲まれる前に結ばなければ、籠城側に取って条件が不利になるものです。

　そして、このときの小田原城で開かれた評定を指して小田原評定は「いつになっても何も決められない」という意味が定着してしまいます。小田原城包囲から3ヶ月以上過ぎて、氏政および北条家は方針転換を決定し、中央政権への全面降伏を受け

入れました。

　遅すぎた方針転換のあと、北条氏政と重臣を含む４名が切腹、氏直は高野山へ蟄居、すべての領地は召し上げとなり、北条家はいったんここで滅亡することになりました。

　そのあと、北条家は１万石の大名として復帰が許され、小田原から遠く離れた大阪で狭山藩として幕末まで続きます。北条家が長年掲げた方針の元で作り上げた合議制と二頭政治という政治システムが、逆に足かせとなり関東の覇者としての北条家は滅んでしまいました。

まとめ

　組織の存在意義でもある理念や方針を変更するのは非常に難しいものです。特に、長年に渡って掲げられて、組織や体制に組み込まれていればいるほど、組織風土としても染みついています。確かに、北条家の方針に共感して参加している関東武士団としては、急な方針転換は受け入れ難いものだったはずです。

　また、中央政権への従属は、いままで自分たちが持っていた決定権を奪われることにもなります。転封や移封の命が下れば、住み慣れた土地を離れる必要もあります。現に、黒田家や浅野家のような譜代大名は当然ですが、外様大名であっても徳川家や上杉家、伊達家は先祖代々の本拠地を離れて、転封に応じています。豊臣家の従属というのは、北条家の関東独立の方針を捨てるということになり、組織としての存在意義を失うことにもなり、合意形成は非常にハードルの高いものになります。

　北条家のような体制では、時間がかかるのは当然です。しか

も、組織風土というのは一朝一夕で変わることができません。現代でも、組織風土を変えるには、会社の制度やシステム、ルールなど目に見えるものの変更と、社員の価値観や行動規範など目に見えない部分の変更を、時間をかけて行う必要があり、とても難しい作業と言われています。

　北条家五代100年間を支えてきた方針や体制を変えるには、当主が信長なみの強力なリーダーシップを発揮して、強引にでも進める必要がありました。

　しかし、北条家は評定という民主的なシステムで支持されてきた組織であるためジレンマに陥ってしまいました。北条家の事例は、危機に直面しても組織に古く染みついたものを変えるのは難しいということを示しています。

この章のまとめ

（1） 偉大な先代を継ぐ後継者たちの苦悩

武田信玄、上杉謙信、北条氏康は、戦国武将の色々なランキングで常に上位に名前が入ります。彼らは、その生涯において、歴史に名を残すような業績や事跡を残してきたことで現代でも多くの支持を集めていると思われます。

確かに、川中島の戦いや小田原城の戦い、河越夜戦などの戦だけでなく、治政においても数々の業績を残しています。そして、信玄、謙信、氏康ともに、組織のトップとして理念を持って活動していました。真意はともかく表面上は、室町幕府体制の枠組みのなかで、足利家への奉公、関東管領の職務、鎌倉府の再興などを理念としていました。

しかし、これらの偉大な先代のあとを継ぐ後継者たちには、相当なプレッシャーがかかっていたと思います。現代の企業も同じですが、組織にとって重要なのは永続性です。二代、三代と、どれだけ末永く組織を維持運営していけるかがポイントです。

戦国大名であれば、戦国時代を生き残り、江戸時代をくぐりぬけて、明治のころまで御家を保つことができたかが重要です。武田家、上杉家、北条家の三家のなかでは、上杉家だけが大身国持15万石の大名として、明治まで残ることに成功しました。一方で、武田家は旗本として、北条家は河内狭山1万石でギリギリ大名として、明治を迎えました。

江戸時代の江戸城での控えの席次でみると、上杉家は大広間、北条家は柳之間と、幕府から見た大名の格としても、かなりの

差がありました。組織の永続性という視点でみれば、上杉家は城持ち大名でしたのでギリギリ成功、北条家は無城の小身大名のためやや失敗、武田家は大名ですらないのでほぼ失敗したと言えそうです。

（2）武田家、上杉家、北条家の違いは何？

この三家には、家督を相続した状況には、それぞれ違いがあります。

三家の状況の違い

	承継の環境	特殊な事情	先代の理念
武田家	信玄の急死	勝頼は本来正式な後継者ではなかった	西上作戦による織田政権の撃退と室町体制の維持
上杉家	謙信の急死	正式な後継者を指定していなかった	関東管領として室町体制の維持
北条家	段階的な承継	氏政と決められていた	鎌倉府のような中央から独立した機関

前述したように武田家は、信玄が急死し、元々は後継者でなかった勝頼が、兄義信の切腹により継承しました。相続の直前まで諏訪勝頼を名乗っていたように、家中における地位は微妙な立場にありました。一説に、正当な後継者は勝頼の子の信勝だったと言われています。しかし、家中を２分するような激しい家督争いもなく、信玄の遺産をそのまま引き継ぎました。そのため、信玄の意志を継ぎ、また信玄を越える勢威を見せようと、西上作戦を再開します。

上杉家は、後継者を決めないまま謙信が急死し、景勝と景虎

の間で、家中を二分する家督争いを行います。結果として景勝が勝利しましたが、この混乱により越後以外の領土のほとんどを失います。運よく本能寺の変で織田信長が斃れ、豊臣秀吉と誼を通じて、豊臣政権の樹立を側面から支援していきます。

　北条家は、父氏康が存命中に、氏政に家督を譲り二頭政治を行いながら、スムーズな事業承継をしたことで、大きな内部対立もなく、順調に勢力を拡大していきます。

　氏政、氏直の代になり、織田政権には従属を示したものの豊臣政権への対応は煮え切らない態度を続けました。武田家と北条家は、先代の遺産の多くをそのまま引き継いで順調なスタートを切れましたが、上杉家だけは領土も戦力も低下させての再出発と、大きな違いがありました。

（3）　上杉家の特徴は先代の意志も体制も継がなかったこと

　先代の意志についての対応は、三家それぞれ違いました。

①勝頼は、信玄の戦略をそのまま継承して実行に移していった結果、長篠で大敗してしまいました。信玄の意志に縛られた行動から武田家の破滅を招きます。

②景勝は、謙信の戦略を放棄し、関東管領への拘りなど捨てて、早くに豊臣政権に従属します。越後より西への進出はあっさりと捨てます。室町体制の維持など眼中にありません。

③氏政は、北条家代々の悲願である、鎌倉府のような中央から独立した執政機関を目指して勢力を拡大させていきます。合議制というシステムもあいまって北条家の目標に沿った

行動を最後まで続けていきます。

　この三家のなかで、外部環境の変化を把握して、大きく戦略を転換したのは、上杉家だけでした。勝頼も氏政も先代の意志や戦略をほぼそのまま承継し、そのあとも先代の戦略に沿った活動を続けていきました。勝頼は西上作戦を、氏政は関東独立を引き次いで目指します。

　しかし、景勝だけは、室町体制の維持や関東管領にはこだわらずに、豊臣政権への従属を決めると、その契約に沿った活動へと限定します。この戦略転換は、そのあとの上杉家の生存戦略になっていきます。

　また、関ヶ原の戦いのあと、大きく戦略を転換して、徳川政権への徹底した従属を経て、大身国持大名として家名を保つことに成功しました。幕末においても、上杉家は当初奥羽越列藩同盟へ参加したものの、新政府軍への従属に戦略を転換して、明治まで生き残ることに成功しました。景勝の承継から明治の版籍奉還まで約290年を、上杉家が生き延びてこられたのは、状況の変化に合わせて、度々、戦略を転換してきた結果です。

（4）　企業理念や経営理念は変更すべきか？

　現代の企業でも、この三家の戦国武将のように、偉大な創業者のあとを受け継いで、経営の舵取りをしていかねばならない後継者は多いと思います。

　先代の急死によって、家業を継ぐ予定になかった息子が急きょ後継者として事業承継する武田勝頼パターン、同じく先代の急死で、御家騒動を経て実力で後継者となったものの、その間

に事業を縮小させてしまった上杉景勝パターン、スムーズな事業承継を得て、会社をそのまま引き継ぐことができた北条氏政パターンという風に、戦国武将の事業承継は現代にも綺麗に当てはまります。

この三家を参考にして考えると先代から受け継いで、企業を永続させるために必要なのは、景勝のように、大きな外部環境の変化に合わせた戦略転換だと思われます。企業理念や経営理念も、経営者によって、環境の変化によって、変更すべきであるということが、これらの事例からもわかります。

先代が作った理念や戦略にこだわるあまり、環境や市場の変化に対応できずに、業績悪化させてしまうことは避けるべきです。

実際、大手の総合商社でも、いままで掲げていた企業理念を、社会や市場の大きな変革を受けて、新しい時代を見据えた内容へと改定しています。その他にも大手繊維会社でもグローバル化に合わせて企業理念の改定をしています。

このように、時代や社会の変化に合わせて戦略や理念を変更をしていくことも、組織の永続性のために非常に重要です。この三家の事例は、組織の永続性にとって、環境変化への対応の重要性を示してくれています。

第2章

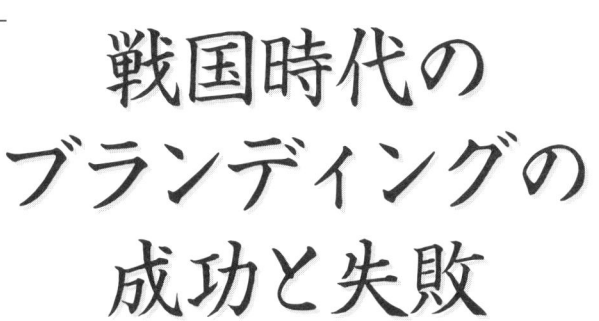

戦国武将たちのマーケティング

戦国時代の
ブランディングの
成功と失敗

1 伊達政宗

なぜ、三代将軍家光をファンにできたのか？

伊達政宗は、若くして家督を承継し、奥州制覇の野望を持って、戦いに明け暮れていました。豊臣政権下においても、野心的な活動を追求されることが度々あり、その都度、派手な振る舞いなどで赦免されてきました。

なぜ、野心家であるにも関わらず、三代将軍徳川家光からは寵愛されたのでしょうか？

伊達政宗 年表

1567年	伊達輝宗の長男として誕生。母は最上義光の妹。
1584年	輝宗が隠居。伊達家の家督を承継する。
1585年	輝宗が死去。
1590年	小田原征伐に遅れて参陣。米沢72万石に減封される。
1591年	葛西大崎一揆を煽動した罪で岩手沢58万石に減封される。
1600年	関ヶ原の戦いに家康派として勝利。2万石を加増される。
1614年	大坂の陣での戦功により伊予宇和島10万石を加増される。
1635年	徳川家光が発布した参勤交代に賛意を示す。
1636年	江戸の伊達家屋敷にて死去。

1 | 信長の孫世代だった伊達政宗

独眼竜という異名を持つ伊達政宗は、現在の山形県の米沢市にあった米沢城で、1567年に伊達輝宗の長男として生まれました。

伊達家は、鎌倉時代に、出羽の地頭職となり、建武の新政のときには、南朝方として、足利方の高師冬と争いました。鎌倉

幕府の地頭上がりなので、割と歴史のある家柄です。

　南奥州の覇者とも呼ばれる伊達政宗ですが、年齢的には武田信玄の孫の信勝と近いので、3世代も若い戦国大名です。若手のイメージの上杉景勝や武田勝頼よりもかなり若く、わずか18歳で当主となり、伊達家を率いて活動を始めています。

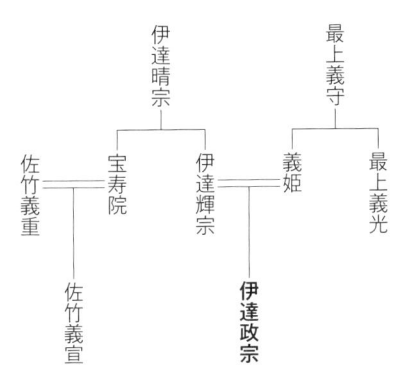

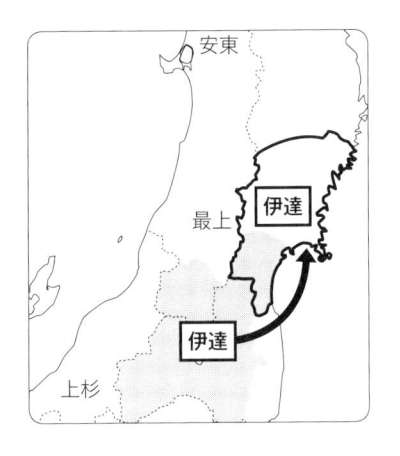

戦国武将の生年比較表

北条氏康	1515年生まれ
武田信玄	**1521年生まれ**
上杉謙信	1530年生まれ
織田信長	1534年生まれ
豊臣秀吉	1537年生まれ
北条氏政	1538年生まれ
武田勝頼	1546年生まれ
上杉景勝	1556年生まれ
織田信忠	1557年生まれ
北条氏直	1562年生まれ
伊達政宗	**1567年生まれ**
武田信勝	1567年生まれ
織田秀信	1580年生まれ

　政宗が、若いころから一軍を率いて戦場に出ていたことは、後々に熱烈なファンを産むことになります。

　そして、戦と調略を駆使し、若干23歳の政宗は、現在の福島県、山形県と宮城県の一部を支配下に置く、合計114万石の大大名となっていました。100万石クラスの戦国大名というと武田信玄や上杉謙信の最盛期の版図と同じぐらいですので、若い政宗の実力の高さがうかがえます。現代に置き換えるなら、18歳で会社を継いで、23歳には東証一部に上場させたぐらいの凄さです。

　しかし、政宗が南奥州を制覇したころには、中央では豊臣秀吉が権力を掌握し、四国・九州を平定し、徳川家、上杉家、毛利家を従属させて、全国統一に手をかけたころでした。奥州での勢力拡大を止めない政宗に対して、秀吉は会津地方からの兵の撤退を求めていましたが、若く野望を兼ね備えた政宗は、な

かなか応じる様子を見せませんでした。

　政宗と言えば「**野心家**」というイメージは、このころから始まっているようです。

2　政宗の発想力とパフォーマンス力

　1589年に、豊臣秀吉が小田原征伐を開始し、政宗にも参陣を求めましたが、ギリギリまで判断に迷いました。野心家の政宗は、領土拡大の野望を諦めきれなかったようです。

　結果的に4ヶ月も遅れをとり、とうとう秀吉の怒りを買ってしまいました。人材好きと言われる秀吉にも天下人の面目があり、若く才気あふれる政宗をそう簡単に許すことはできません。伊達家の取り潰しもあり得る風前の灯火のような状況に追い込まれました。

　実際に、小田原征伐に参陣しなかった葛西家や大崎家、田村家などは、秀吉の命により改易され領地を没収されました。

　政宗は、この危機的な状況のなか、まず詰問に来た前田利家たちに対して「千利休の茶を学びたい」と悪びれることない態度を示しました。恐れて平身低頭するであろうと想像していた秀吉の意表を突いて、逆に興味を引くことに成功しました。

　さらに、秀吉が派手好きであることを見越して、白装束をまとって謁見の場に現れました。

　あえて「今すぐにでも腹を切って死ぬ覚悟があります」というパフォーマンスをして見せました。この政宗の一連の行動に面白みと才能を感じた秀吉は、遅参の罪を許し、会津地方の放棄だけで手打ちとしました。

伊達政宗と伊達家（小田原征伐）

	強み	弱み
内部環境	●最大規模の版図 ●知識と教養、パフォーマンス力を元にしたブランドイメージ ●有能な家臣団	●惣無事令の反故 ●上杉家、佐竹家との長年の対立 ●北条家との同盟 ●**野心家のイメージ**
	機会	脅威
外部環境	●**秀吉のパフォーマンス好き** ●各地域の不安定さ	●豊臣政権の拡大 ●北条家の危機的状況 ●敵勢力の豊臣政権への服従

3　政宗を利用する秀吉の自己プロモーション

　政宗は、パフォーマンスを駆使して最悪の改易を免れ、本拠地の米沢を含めた72万石の領地を確保できました。秀吉は、政宗の渾身のパフォーマンスを逆に自分の器量の大きさを内外に示すパフォーマンスに使いました。秀吉の方が一枚上手ではありました。

　このあと、諸将や庶民の間で、秀吉の評判が口コミで広がる効果も考えていたはずです。しかし、ここで懲りずに野心的行動を続けるのが政宗の強みでもあります。直後の1591年に、宮城県北部から岩手県南部にかけて葛西大崎一揆が起こりました。これを裏で扇動した疑いで、上洛しての弁明を申し渡されます。

　さらに野心家のイメージを強くし、周辺大名に警戒感を植え付けます。徳川家康も警戒心をもったはずです。さすがに、前回と同じ謝罪方法では、秀吉の勘気を治めることはできません。このときには、罪人を処刑するための磔柱を、行列の先頭に掲げ、政宗はまたも白装束を身にまとって京の町に現れました。

政宗は、この派手なパフォーマンスで、京の民衆の話題になるように仕掛けて、人気を気にするところがある秀吉の忖度を勝ち取る作戦にでました。海外に興味を持つ政宗なので、「ゴルゴタの丘への行進」を聞き知っていて、それをイメージしたのかもしれません。一揆の扇動は中央政権への反逆行為ともとられかねない行為でしたが、58万石への減転封の処置で許されました。今回も秀吉のパフォーマンス好きな面に救われた格好となりました。この件でさらに政宗の反逆児的イメージを強固にしました。

しかし、今回も、運よく改易は免れたものの、本拠地の米沢など肥沃な土地を奪われ、一揆で荒廃した大崎・葛西エリアを与えられました。家臣団の不満が高まるなど、伊達家はかなり大きなダメージを受けました。

4　野心家というブランドイメージ

政宗は、豊臣政権の時代だけではなく、1600年に起きた関ヶ原の戦いで家康側についたときでさえも、領土的野心を隠し切れませんでした。このときも、同じ東軍である南部家領で一揆を扇動し、また発覚しています。

すでに徳川家とは縁戚関係もあり、政権交代直後の不安定な状況ということもあって、この一揆の件は不問にされましたが、しばらく幕府からは警戒されるようになります。

通常であれば御家取り潰しにあっても仕方がないはずですが、幕府側からすると、野心家の政宗を統御していることは、他の諸将へのアピールに使えるという計算があったはずです。

伊達政宗時代（関ヶ原の戦い後）

	強み	弱み
内部環境	●知識と教養、パフォーマンス力を元にしたブランドイメージ ●有能な家臣団 ●徳川家との縁戚関係	●**野心家というブランドイメージ** ●秀宗、忠宗の後継者問題
	機会	脅威
外部環境	●**各地域の不安定さ** ●豊臣家の存続	●徳川幕府の実権掌握

　豊臣政権で冷遇されていた政宗を評価しているように見せる幕府の外部向けパフォーマンスです。

　派手な政宗を中央政権が宣伝効果を見込んで利用するという構図は、豊臣時代も徳川時代も変わりません。

　この事件を決定打とし、伊達政宗には、野心家というキーワードがついて回るようになります。徳川幕府でも、伊達家の勢力拡大は警戒され、念願である本拠地の米沢エリアの回復は果たせませんでした。旧領の庄内地方を回復し、合計57万石となった最上家とは大きな違いでした。

　しかも、徳川幕府が、伊達家の長年のライバルでもある上杉家に、わざわざ米沢を与えて立藩させたところからも、お互いを牽制させる意図もあったようです。幕末にこの両家が並んで奥羽越列藩同盟の総督に就任して、幕府側として一緒に戦うことになるのは歴史の面白いところです。

　しかし、一般的に、野心家というブランドイメージは内外から警戒されるばかりで、マイナスの効果しかなさそうですが、時代を下るとプラスの効果を生み出します。

5　戦国時代にブランドイメージを意識していた政宗

　すでに戦国時代において、政宗は現代のようなブランドイメージを意識していたことがうかがえるエピソードがあります。

　政宗と言えば、独眼竜という異名とともに、黒い眼帯に黒い鎧を身にまとっているイメージがあります。

　これは、弱みともなりうる自身の隻眼を活用したブランディングに成功した結果でもあります。

　現代では、独眼竜というと政宗の代名詞ですが、元々は中国の唐の末期に実在した隻眼の猛将「**李克用**」の異名でした。

　政宗と同じ隻眼であった李克用は、自身の軍団の武装を黒で統一し、鴉軍と呼ばれて恐れたと言われています。敵はその名前を聞いただけで崩れ立ち、黒い軍装を見るだけで戦意を削ぐ効果を生み出したそうです。

　政宗も漆黒の甲冑（黒漆五枚胴具足）を、家臣とともにまとって黒い部隊を形成していました。まさに戦国時代の李克用の鴉軍をイメージし、相手に恐怖心を与える戦略です。

　似たような強者のブランドイメージを再現する例は他にもあります。そのなかでも有名なのは徳川家譜代の井伊家の赤備えです。

　これは、かつて赤備えの切り込み隊として活躍した武田家の飯富虎昌、山県昌景にあやかって、徳川家の先鋒を務める井伊家が武田家の遺臣を集めて採用した軍装です。赤い鎧の軍団には、それぐらい強力なイメージが持たれていました。

　ちなみに、独眼竜という異名については、政宗が自ら名乗ったものではありません。後世の歴史家の頼山陽が、隻眼で黒い

軍装だった政宗に李克用を重ね合わせ、独眼竜という異名を付けたのが始まりです。政宗自身が「中国の李克用をイメージした」といった記録は残っていません。

政宗は自分が文化や教養の高い人たちにどう見えるかを意識して行動していた点がうかがえます。このような面を見る限り、常に、影響力のある人間をターゲットとして、自身のブランド力やブランド価値を高めることを、意識して行動していたようです。

6 権力者からは常に警戒され続ける存在

豊臣政権期、伊達政宗は遅参や一揆の扇動などを理由として、最大で100万石以上あった所領を72万石に減封され、最終的には58万石にまで削られました。秀吉に取って、政宗は、面白い存在ではあるものの、警戒すべき点も多く、そこまで重用しませんでした。

徳川家康も、秀吉の死後、会津の上杉家と対抗するため、伊達家と婚姻関係を結んで、関係の強化を図りますが、やはり重用は避けました。政宗は、旧領の米沢の奪回や、100万石時代の領地回復を目指しますが、関ヶ原の戦いでは、わずか4万石の加増だけで終わりました。戦国時代を生き抜いた人間からすると、政宗の利用価値は認めても、心の底から信用するほどではなかったようです。

1615年の大阪の陣には、親子で参陣し、その戦功が認められて、念願かなって10万石が加増されました。やっと小田原征伐後の72万石にまで戻すことができました。しかし、残念ながら

米沢や仙台近郊ではなく、遠く離れた縁も所縁もない愛媛の伊予宇和島でした。

宇和島藩

　関ヶ原の戦いから15年経っても相変わらず幕府から警戒されており、伊達家の勢力を分断する意図も含められた加増だといわれています。その思惑通り、長男の秀宗を宇和島の藩主に据える際に、有能な家臣団を付けて送りだしています。

　豊臣家も滅び、戦功をあげる機会がなくなったことも踏まえると、政宗の本望である旧領回復の望みは完全に絶たれました。

7　戦を知らない三代将軍家光が政宗を再評価

　現代でも、発信側の意図通りにならない点がブランディングの難しい点です。しかし、戦国時代の猛者たちの世代から、平和な時代に生まれた世代にターゲットが変わると、ブランドイメージの受け取り方も変わってくるようです。

　政宗は若いころから伊達家の当主として、戦国武将たちとの立ち回りを演じてきたため、三代将軍の家光のころには、戦国時代の生き字引のような存在でした。まさにレジェンドです。

戦を知らない1604年生まれの家光からすると、尊敬する祖父の家康や戦国時代の寵児の秀吉とのやり取りの実体験を持つ政宗は、あこがれの存在となりました。戦国時代の逸話を聞くのを楽しみにして、ときには江戸城に呼びつけることもありました。

さらに家光が、諸大名に参勤交代を命じ、今後は家臣扱いとするとしたときには、政宗が進み出て**「命に背く者あれば、政宗めに討伐を仰せ付けくだされ」**と発言したことで、他の大名たちが反論できない雰囲気を作るなど家光の幕藩体制の確立に貢献してくれました。

これは野心家のイメージが強い政宗だからこそ発揮できる非常に効果の高いパフォーマンスです。他の大名たちもあの政宗が言うならば、仕方ないという雰囲気になりました。政宗が見せた一世一代の最後のパフォーマンスかもしれません。

家光は、このような政宗の忠勤ぶりに「伊達の親父殿」と呼んで、父の秀忠よりも親近感を覚え、徳川家の一門衆以上の特別待遇を与えて優遇しました。

●御三家でも許されなかった紫の馬の総の利用

●酒宴での脇差の帯刀を許可

●死の際には、御三家と同じ期間、喪に服すようなお触れ

大阪の陣が終わり、戦がなくなったこの時代、江戸の町には、旗本奴や町奴と呼ばれる集団が表れて、それぞれが派手な衣装をまとって、傾奇者ぶりを競っていました。

このような時代の風潮もあり、戦国時代の傾奇者の伊達政宗が受け入れられる土壌もありました。時代も変わり野心家のイメージが魅力的に映る世代に代わり、家光を強力なファンにす

伊達政宗時代（家光就任時）

	強み	弱み
内部環境	●戦国時代の経験の豊富さ ●知識と教養、パフォーマンス力を元にしたブランドイメージ ●徳川家との縁戚関係	●野心家というブランドイメージ ●長男秀宗との不和
	機会	脅威
外部環境	●将軍の世代交代 ●戦を知らない世代の増加	●大規模な戦の減少

ることに成功しました。

　政宗のあとも、伊達家は徳川家から降嫁を受ける重要な家柄として扱われ、幕末まで無事に存続し続けました。

まとめ

　一般的に、高級ファッションブランドの商品を購入するときには、価格以上の価値を感じて満足感を得ています。それは、「デザインがよい」「高品質」「高機能」などに加えて「歴史」「ストーリー」も重要な要素となっています。

　有名老舗ブランドは、かつて旅行鞄を作っていたことや馬具メーカーだったことを、ブランドとしての歴史が古いことの証明であるとして、誇りを持ってアピールしています。そうした歴史やストーリーの裏付けによって、ブランド力が強化され、ユーザーは、価格以上の価値を感じています。それが個人であっても同じで、その人の生い立ちや経歴には付加価値要素があります。

　伊達政宗であれば、数々の戦での実績や過去の逸話というのは、戦を知らない家光にとっては、非常に付加価値を高める要

素となります。政宗が18歳で当主を継いで、23歳で秀吉に臣従し、33歳で関ヶ原を迎えたという歴史や数々のストーリーは、19歳で将軍に就いた家光からすると、非常に親近感も湧きます。親近感も愛着を生みだす要素の1つです。特に家光は、戦の経験が無い将軍という立場にコンプレックスを感じていたようです。

　常に身辺には、立花宗茂や丹羽長重などの戦国時代をくぐり抜けてきた武将を置いて、戦国時代の知見を学ぼうとしていました。家光は尊敬するあまり、特別扱いをすることもありました。そんな家光からすると、秀吉にも家康にも野心を隠さなかった政宗は、身近に置いているだけでも高い満足感を得ることができる存在でした。戦国時代における政宗のブランディングは世代を経て成功した興味深い例です。

2 立花宗茂

なぜ、改易されてから、もう一度大名に復帰できたのか？

立花宗茂は、関ヶ原の戦いで三成派として敗軍となり、徳川家によって改易され、一介の浪人にまで身を落としました。しかし、20年後には徳川幕府の元で再び旧領の柳川にて大名として復帰を果たします。

なぜ、浪人身分から柳川10万9,000石の大名として復帰できたのでしょうか？

立花宗茂 年表

1567年	高橋紹運の長男として誕生。
1581年	立花道雪の婿養子となる。妻は道雪の娘誾千代。
1585年	道雪が死去。立花家を承継する。
1586年	島津家との戦いで紹運が討死。豊臣家の直参大名となる。
1597年	文禄の役に続き、慶長の役でも活躍する。
1600年	関ヶ原の戦いに三成派として敗北。改易される。
1603年	陸奥棚倉1万石で大名に復帰する。
1614年	大坂の陣に、徳川秀忠の麾下で活躍する。
1620年	筑後柳川10万9,000石で旧領に復帰する。
1638年	島原の乱で総大将の松平信綱を補佐する。
1642年	江戸の立花家藩邸にて死去。

1 高橋家と立花家とのハイブリッド武将

現代でも、歴史ある名家の出身というのは、伝統性という意味も含めて、1つのブランドの要素となります。それは戦国時代でも同じです。古くから伝わる家名を継ぐのは誉れでした。

1567年、立花宗茂は現在の大分県豊後高田市にて、大友宗麟

71

の重臣である高橋紹運の嫡子として誕生します。高橋家は筑後の名族で、大友家では重要な名跡です。当初は、高橋統虎と名乗り、父紹運の下で御曹司として大事に育てられました。

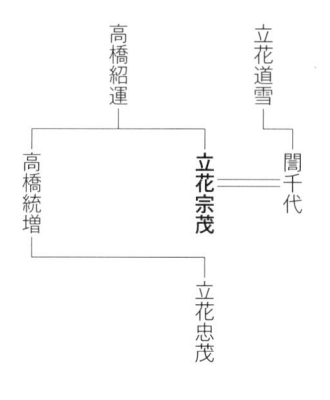

　宗茂は、名門高橋家の生まれだけに、高橋家にいたころは、どこかお坊ちゃん気質が残っていました。戦国時代は乳児死亡率が高い時代でしたので、嫡子である宗茂は大事に育てられました。数年後、紹運の同僚である立花道雪の目に留まります。

　道雪は、戦国時代の大友家の軍事面を支え、「鬼道雪」「雷神」と複数の異名を持つほどの武将でした。

　総大将となった戦では、無敗を誇るほど武略に優れた武将で、当主である宗麟に直接諫言できるほど、大友家でも別格の存在でした。その噂を聞いた武田信玄が一目会いたいと語ったという逸話が残っています。現代のような通信手段がない時代に、遠く900km離れた甲斐国にまで名前が知られるということは相当なブランド力です。

　道雪は、武勇だけでなく、家臣たちへの気配りを欠かさず、戦功を挙げれば大勢の前で褒めたたえ、失敗をしても恥を欠かせないようかばうため、人望も厚い理想的な武将でした。

　ただ、職場放棄した家臣に追手を差し向けるなど、軍律には非常に厳しい面を持っていました。そのアメとムチの落差が際立っています。

　父の紹運も、宗茂が嫡子であることから養子縁組を何度も断わりましたが、道雪がしつこく申し出てくるため、最終的に立花家の婿養子として送りだしました。

　こうして統虎は立花家の後継者となり、名将紹運のDNAに、軍神道雪の教えが施されて、「**日本無双**」という異名を受ける立花宗茂へと成長していきます。現代で例えると、有名スニーカーブランドと老舗カバンブランドの夢のコラボレーションで生まれた希少なアイテムやツールのようなものです。ファンにとっては垂涎（ぜん）の的となるプレミアム価格が付くような存在となり、のちに宗茂が浪人となったときには、複数の大名から家臣の誘いを受けるほどでした。

2 ブランド価値を高める道雪の教育

　立花家に婿入りした宗茂は、道雪から一軍を率いる武将となるための厳しい教育を施されることになります。元来、宗茂は、温厚で誠実な性格で、立花家に来た当初は、まだどこか甘えのある少年でした。

　有名な逸話として、道雪との散歩中に、栗の棘を踏んでしまい、同行している家臣に、棘を抜くよう頼んだところ、逆に足を踏みつけられました。痛みで叫びそうになる宗茂の姿を道雪が睨みつけていたということがありました。これは、「武士たるもの棘ごときの痛みで狼狽えるな」という道雪のスパルタ的な教えの1つでした。

　こうして過酷な戦場において、大将がみせるべき態度について、宗茂に教え込ませています。これは、のちほど、宗茂が、敵の大軍を前にして、悠々と握り飯を頬張って、家臣を驚かせ、かつ安心させた件に繋がります。道雪に鍛えられた胆力がのちの危機的状況で役に立ちました。

　しかも、父の紹運からは、「もし立花家から勘当されることがあれば、高橋家に帰ろうと思うな。自害しろ」と刀を渡されていましたので、死を覚悟しての婿入りでした。ここで教わり培った人間性が、後々の宗茂の言動の基礎となり、立花家の危機を救うことに繋がっていきます。

　また、義父の道雪は、武略や胆力だけでなく、絵をかいたり、花を植えたりと芸術にも造詣が深く、敵である龍造寺隆信からも高く評価されるほどでした。

　道雪は、文武両道の極みのような戦国武将です。格式を思わ

せる教養も身に着けていました。その影響を受けて、宗茂も剣術、弓術だけでなく連歌・書道・茶道・香道・蹴鞠（けまり）・狂言に加えて料理や竹製花器など、多方面に造詣が深い武将へと成長していきました。

　豊臣秀吉の時代になると、茶の湯などの文化への嗜（たしな）みも重要となり、義父譲りの文武両道が、宗茂のブランド価値をさらに高める要因の１つになっていきます。

3　義父や父の死を見て忠義を体感する

　1584年、豊臣秀吉がライバルを倒し四国平定を終えたころ、九州では現在の鹿児島を本拠地とする島津家の猛攻が始まりました。島津家も武勇に優れた義久、義弘、歳久、家久の４兄弟がいる全盛期の時代でした。現在の佐賀県の龍造寺家を含め周辺国が次々と降伏していき、九州で大友家は孤立し始めました。

　そして、島津の支配下となった龍造寺家、筑紫家、秋月家など３万の大軍が、筑後の大友領に攻め込んできましたが、道雪や紹運を中心に、敵の３分の１の兵で持ちこたえていました。

　しかし、1585年に義父道雪が病死すると、大友家の置かれている状況は一気に悪化し、翌1586年には、岩屋城を守る父の紹運も島津家との激闘の末に討死します。島津家との戦いで、義父と実父を含め身内の多くを失いました。

　普通であれば心が折れてもしかたない状況ですが、宗茂は若干18歳で父や義父の代わりに立花家、高橋家を率いて、島津家との戦いを続けていきます。義父や父たちが、主家を見捨てずに戦い抜いた姿を見て、心に期するものがあったと思われます。

立花宗茂と立花家（九州征伐）

	強み	弱み
内部環境	●名門としての家柄 ●**宗茂の武勇と教養** ●**忠義心や誠実さ** ●立花家の団結力	●当主の若さ ●中央とのネットワークの無さ
	機会	脅威
外部環境	●豊臣政権による支配の拡大 ●豊臣家の直参への取り立て	●九州の国人層の不満 ●島津家や他家の動向

そして、豊臣家の九州征伐軍が到着するまで大友家のために戦い続けました。

九州征伐軍が上陸すると、宗茂は肥後方面の先鋒となり、島津家を追い立て、肥後の諸城を攻め落とし、島津家の本拠である薩摩まで達しました。

その戦いぶりから、秀吉に、「**その忠義、鎮西一。その剛勇、また鎮西一**」と称えられました。主君の大友宗麟からの推薦もあり、秀吉の直臣となり柳川13万石の大名として取り立てられました。

宗茂の強みは、武勇や家柄、教養などのハイブリッドさに加えて、人間性の高さにあります。大友家を見捨てずに戦い抜いた点も評価を高めています。

天下人の秀吉は、その人間性に宗茂ブランドの価値を見出したからこそ、わざわざ大友家から引き抜いて、豊臣家の直参に加えました。これによって、宗茂の評判は、九州だけでなく、全国規模に広がるきっかけとなりました。

4　武勇や教養に人間性が加わり日本無双へ

　紹運の血を引き、道雪の薫陶を受け、秀吉による九州征伐で活躍したことで、その武勇の評価は全国レベルとなりました。天下人の秀吉をファンにしたのは、宗茂の家柄や武勇だけでなく、その人柄が大きく影響していました。宗茂は、敵にも誠実さを示します。

　その例として、肥後国人一揆で「放し討ち」という処刑方法を取ったことが挙げられます。これは、敵方の捕虜と同じ人数、同じ条件で真剣勝負をして討ち取るという武士としての名誉を尊重した処刑でした。その大胆な方法に、衝撃を受けた監視役の浅野長政が秀吉に報告すると、「さすが立花である」と絶賛しました。敵に対して誠実なのも道雪譲りです。

　また、宗茂の謙虚さの例としては、この肥後国人一揆の恩賞として、秀吉から加増を申し渡されたときに、「もう兵力を養える領土は十分いただいています。それよりも大きな戦で先鋒に使っていただきたい」と断った話があります。恩に報いたいという貢献欲が強いことも秀吉を喜ばせます。

　武勇においては、文禄慶長の役でも、鬼神のような活躍をして、同僚の小早川隆景や加藤清正からも「立花家の3,000人は他家の1万人に匹敵する」「日本第一の勇将」などと絶賛されるほどでした。このときの戦いぶりを聞いた、秀吉から「**日本無双の勇将**」と称えられ、あとの天下人となる徳川家康からも「**武田信玄や上杉謙信と比肩する武将である**」と賞賛されました。

　宗茂は、天下人の秀吉や有力者の家康だけでなく、同僚の隆景や清正たちからも幅広く支持さていました。戦国時代も出世

がからむため、妬み嫉みにあふれていましたが、こうして同僚からも支持されるのは、普段から誠実で謙虚な人間として認められていたからです。

5　関ヶ原の戦いでの誠実な振舞い

　宗茂は関ヶ原の戦いの際には、家康側から誘われても「秀吉公の恩義を忘れて東軍側に付くのなら、命を絶った方がよい」と断りました。

　また、家臣から三成派に勝ち目がないと進言を受けても「勝敗にこだわらず」と、豊臣家や三成から受けた恩義への忠節を示しました。

　勝ち負けや目先の欲で、忠節を曲げない姿も、宗茂の価値を高めることに繋がり、後々まで効果を発揮していきます。

　関ヶ原の戦いでの敗戦のなかにも誠実さを表すエピソードがあります。敗戦後に大阪から九州の柳川へ戻る自船には、家臣の反対を受けながらも、父を死に追いやった島津義弘を「敗軍を討つは武家の誉れにあらず」と同乗させて、無事に九州に送り届けました。

　船中で謀殺することなど戦国時代においては日常茶飯事ですが、宗茂は逆に義弘に護衛を付けて送り出したそうです。島津義弘も、その宗茂の行動に感銘を受けて、九州に戻ると、黒田如水や加藤清正に攻められている立花軍を支援するための援軍を派遣しました。そのあとも、陰ながら資金援助などを続けたと言われています。

　また、柳川への帰還後に、九州の東軍勢に攻められ居城の柳

川城を開城しようとしたときには、領民達が「殿様のためなら命も惜しまない」と涙ながらに降伏を止めようとしました。

このような宗茂の人間性を称える話は非常に多く残されています。かつての仇敵や領民など幅広く親しまれる人間性を有していたのが宗茂の特長であり、立花家の強みでもありました。

6 浪人から大名への復帰

柳川13万石を没収され浪人となったあとも、加藤清正や前田利長に家臣として誘われたり、島津義弘から援助を受けたり、元家臣たちから援助されたりと、常に、宗茂は周りから助けられました。

2、3年ほど、江戸城下にて浪人として生活をしながら、健気に復帰のチャンスを待ちます。ついには、宗茂と双璧をなすと秀吉から言われた本多忠勝の推挙を受けて、1604年に幕府の大番頭として5,000石の旗本に採用されました。当時の大番頭は、江戸城・大坂城・二条城の警備を担う重要な職でした。そのあと、すぐに現在の福島県の陸奥棚倉1万石を給されて大名として復帰を果たします。

これは将軍警護の役目を与えて手元に置くことで、宗茂の動向を監視しやすくする狙いがあったかもしれません。それだけ家康からも高い評価を受けていたことがわかります。1614年の大阪の陣では、家康は宗茂が大阪方につかないように必死に説得しました。これは、宗茂の力が戦局を大きく左右するほどの大きさであることを、家康が理解し警戒していたからです。

宗茂は、秀忠の元で軍事顧問として随行し、敵方の大野治房

立花宗茂と立花家（関ヶ原の戦い後）

	強み	弱み
内部環境	●名門としての家柄 ●**宗茂の数々の武勇** ●**宗茂の人間性への評価** ●諸将とのネットワーク	●三成派としての活動履歴 ●家康とのネットワークの弱さ
	機会	脅威
外部環境	●豊臣秀頼の存在 ●同僚だった東軍諸将の存在	●徳川幕府の成立 ●戦の減少

の動向を予測するなど、戦局において的確な助言等を行い、さらに徳川家中での評価を高めていきます。

それらの功績が認められて、秀忠の御伽衆に採用され、1620年には、柳川10万9,000石へと転封となり、かつての旧領に大名として復帰を果たしました。そして、秀忠に引き続き、三代将軍の家光にも重用され続けます。

1638年の島原の乱でも、軍事顧問として参加し、若い総大将の松平信綱を、戦略面で支えて、厳しい戦いを勝利に導いています。戦を知らない1603年生まれの家光にとっては、戦国時代の実績豊富な宗茂は、憧れの存在となっていました。

そのあと宗茂は、ことあるごとに家光の側近くに置かれ、能、狂言、茶会などの各会合や上洛、大阪行き、日光社参などの様々な行事に、随伴を許されています。まるで、お気に入りの老舗ブランドのカバンのように、お出かけのときには肌身離さず同伴させています。家光の宗茂への信頼は群を抜いていました。

特別に、江戸城内でも、頭巾をかぶって、杖をついて歩くことを許されており、伊達の親父殿と呼ばれた伊達政宗に引けを

取らない厚遇ぶりでした。宗茂は、秀吉に続き、家康、秀忠、家光の徳川家三代に渡って長く支持をされた点からも、稀有な存在の戦国武将です。

まとめ

関ヶ原の戦いで負けた三成派の武将で、改易となり所領を没収された大名は数多くおりますが、再度、大名として復活できたのは非常にまれです。そのなかでも、10万石以上という大領で復帰できたのは、丹羽長重と立花宗茂の2名のみでした。

復帰できた大名

立花宗茂	柳川	13万2,000石	柳川	10万9,000石
丹羽長重	小松	12万5,000石	白河	10万石
岩城貞隆	磐城平	12万石	中村	1万石
新庄直頼	高槻	3万石	麻生	3万石
滝川雄利	神戸	2万2,000石	片野	2万石
木下利房	高浜	3万石	足守	2万5,000石

しかも、10万石以上の大名で、かつての旧領（筑後柳河）へ復帰できたのは、宗茂ただ1人でした。これは江戸幕府史上でも異例の処置です。

宗茂は「**忠義**」という姿勢を守って行動をしてきました。それを見てきた徳川家は、旧領に戻しても安心であるという評価をするほど信用していました。また、将軍家という目上の存在だけでなく、一般庶民たちも立花宗茂に愛着を持っていました。

1600年に改易され、30年の時を経た柳川には、当時の領民も少なくなっていましたが、親から言い伝えのように聞かされて

いた若者たちが、宗茂一行を出迎えました。

　まるで現代の老舗ファッションブランドのように、宗茂が世代を超えて愛されていたことがわかります。長年に渡り支持される老舗ブランドには理由があります。ブランドにとっては、デザインや機能、伝統などによる満足感の他に、それを所持、使用していることへの安心感も重要です。

　宗茂の場合、大友家の庶流という家柄や数々の武勇、文化への造詣の深さに、謙虚で誠実な人間性が加わっていました。この人間性が、相手に安心感を与える重要な要素になっており、家光が肌身離さずに随伴させるほどの価値を生み出していました。

　宗茂は、「家柄」「武勇」「教養」「人柄」「忠義」という価値が支持され、徳川家三代だけでなく、同僚や家臣、領民にまで愛された戦国武将でした。いつの時代でも人柄や忠義という人間性が重要であることがよくわかります。

3 真田幸村

なぜ、現代まで語り継がれる武将になったのか?

真田幸村は、同世代の戦国武将が活躍するなか、父の真田昌幸の影に埋もれて、自分の実力を発揮する機会を持てないまま青年時代を過ごしました。関ヶ原の戦いから14年後、大坂の陣において初めて自分の武略を示す機会を得ました。

なぜ、遅れてきたルーキーが、現代に語り継がれるほど有名な武将となったのでしょうか?

真田幸村 年表

1567年	真田昌幸の次男として誕生。
1582年	武田家が織田家に滅ぼされ、滝川一益の元で人質となる
1585年	上杉家の人質となる。
1587年	豊臣家の人質となる。豊臣家の馬回り衆となる。
1600年	関ヶ原の戦いに三成派として敗北。九度山へ配流となる。
1611年	父昌幸が死去。幸村は出家し好白と名乗る。
1614年	大坂の陣に参戦。真田丸を築いて活躍をする。
1615年	天王寺・岡山の戦いで活躍。大阪四天王寺近くにて討死。

1 知将真田昌幸の武略の影に隠れる

真田幸村は、本名を信繁と言いますが、死後の軍記物で使われた「幸村」の方が浸透し、現代でも広く知られています。

NHKの大河ドラマでは、話の途中で幸村に名を代えたという設定になっています。父昌幸の次男として、現在の長野県にて誕生したと言われていますが、生地は定かではありません。

真田家は信濃の土豪で、祖父の幸隆のころに武田信玄の家臣

となり、信濃先方衆として活躍をし、あの有名な川中島の戦いにも数度出陣しています。そこでの活躍を受けて、信玄からは譜代衆並の扱いを受けるようになりました。江戸時代の絵画などで、外様でありながら、幸隆とその長男の信綱は、武田二十四将に数えられています。

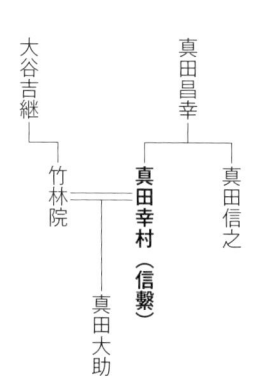

　真田家は、祖父の代から高い評価を受けてきました。幸隆が病死し、長男信綱と次男昌輝たちが長篠の戦いで戦死すると、三男の昌幸が真田家を継いで、武田家を支えていくことになります。昌幸の本格的な活躍がみえるのは、武田家が滅び、本能寺の変で織田家も滅んで、旧武田家領が、上杉家、徳川家、北条家の草刈り場となった「天正壬午の乱」のときからです。

　武田家の旧臣を集めて、上杉家に従属したり、北条家、徳川家、再び上杉家に鞍替えしたりと、状況に合わせて態度を変え、真田家の勢力拡大に努めました。これは、主家の武田家の復興も視野に入れての行動だったかもしれませんし、真田家を独立

真田昌幸と真田家（本能寺の変後）

	強み	弱み
内部環境	●昌幸の武略と知略 ●上田合戦での勝利 ●旧武田家の家臣団	●小勢力である ●主家武田家の滅亡
	機会	脅威
外部環境	●豊臣政権による支配の拡大 ●豊臣家と上杉家の関係性	●徳川家と北条家の同盟

した大名とするための戦略の一環だったかもしれません。

　この当時の真田家は、主家を失っており、信濃と上野の一部を支配するだけの小勢力だったため、強みと言えるのは昌幸の能力ぐらいでした。

　しかし、上田合戦と呼ばれる家康との戦いに大勝して、地方勢力である真田家の存在価値を高めます。そのあとも何度か攻められますが、一度も城を落とされることはありませんでした。

　小牧長久手の戦いで徳川家に煮え湯を飲まされた豊臣政権のなかで、上田合戦で大勝した昌幸の実力について評価が高まり、

秀吉の直参となる機会が訪れました。家康を踏み台にして真田家の価値を高めました。

　昌幸の武略と知略によって、独立した大名の地位を獲得しましたが、昌幸と家康は因縁を深めていきます。これに巻き込まれるように、幸村の不運もここから加速します。

2　幸村の不運な人質人生

　幸村は、真田家が昌幸の方針によって、従属先を代えるたびに、人質として滝川一益の元や上杉家に送られました。真田家の独立のためとはいえ、幸村としては、辛い日々が続きます。親の都合で転校を繰り返す子どものようなに神経をすり減らしていたでしょう。

　最終的には、真田家の独立のために、豊臣家の本拠地である大阪に人質として出されることになります。

　ただ、豊臣家では、秀吉の親衛隊でもある馬周り衆に抜擢されました。秀吉側近の大谷吉継の娘を妻にもらうなど、人質というよりも豊臣家の譜代家臣の扱いだったかもしれません。

　そのあとも、小大名なみの1万9,000石の知行を貰い、豊臣の姓も受けるなど、秀吉や三成など奉行衆から期待される存在であったようです。ただ、豊臣政権も巨大化し、秀吉が直接軍を率いて戦場に出ることも無くなると、大将の親衛隊のように近くに控える馬周り衆という役目柄、戦で手柄を立てる機会はほとんどありませんでした。幸村は、自分の能力を外部に発信することができないまま、ほとんど世間で知られることもなく、ただ時間が流れていきました。この時期の幸村の活動を記した

資料も数が少なく、謎に包まれています。

　しかし、その間、幸村の同世代の武将たちは、数々の戦で活躍して、その名を広めていました。

3　1567年の戦国武将のプラチナ世代の影に隠れる

　幸村と同じ1567年生まれの武将は、プラチナ世代とも言うべき人材が揃っています。当時の知名度で言うと、独眼竜こと伊達政宗や日本無双と呼ばれた立花宗茂がその筆頭です。加えて、小早川秀包、秋月種長、有馬晴信など大名クラスも、真田幸村と同学年となります。1つ下には黒田長政や宗義智、中川秀政が、2つ下には大村喜前がいました。

真田幸村と同世代の戦国武将

1567年生	伊達政宗	仙台	58万石
1567年生	立花宗茂	筑後柳川	13万石
1567年生	小早川秀包	筑後久留米	13万石
1567年生	秋月種長	高鍋	3万石
1567年生	有馬晴信	日野江	4万石
1567年生	真田幸村	不明	1万9,000石
1568年生	黒田長政	豊前中津	18万1,000石
1568年生	宗義智	対馬府中	1万石
1568年生	中川秀政	播磨三木	13万石

　政宗は、若くして伊達家の当主となり、最上家や上杉家、佐竹家、芦名家など周辺の大大名と渡り合い、22歳のころには秀吉の豊臣政権と交渉を行うなど、全国に名を広めています。

　また、宗茂や秀包、長政を含めた他の武将たちは、当主とし

て一軍を率いて、文禄慶長の役に出陣し、それぞれが活躍をしています。特に、宗茂は、秀吉から日本無双と呼ばれるほどの活躍をし、秀包も宗茂に劣らぬ活躍ぶりを見せて評価を高めています。宗茂の高い評価は、そのあとの徳川幕府にも引き継がれ、関ヶ原の戦いで敗戦となり改易されますが、その実力を惜しまれて、再度、大名への取り立てへと繋がるほどでした。

　しかし、幸村は、秀吉の側近くにいるため、自らの武勇を見せる機会もないまま、関ヶ原の戦いを迎えることになります。

　戦国時代も人の評判や評価は、口コミが重要な役割をしている時代でしたので、戦での活躍ぶりや実績は非常に大事でした。豊臣政権内部では、高い評価を受けていたようですが、幸村の才能が外部にまで伝わっていたかというと、あとの家康の発言などをみると、ほとんど誰にも知られていなかったようです。

　後年の大阪の陣の際に、真田が大阪城に入城したと聞かされた家康は、「**親の方か？子の方か？**」と尋ねて、それが幸村であると聞いて、非常に安堵したという逸話が残っています。昌幸の知名度に比べると、幸村の知名度や評判はあまり高いものではありませんでした。

　この主な要因は、自身の武勇を、外部にプロモーションするチャンスを得られなかったことです。豊臣政権下では、戦場に参陣する機会がほとんどありませんでした。それが幸村を豊臣方として大阪の陣に参加させる遠因になります。

4　関ヶ原の戦いでも、チャンスに恵まれない

　秀吉の死後、豊臣政権は徳川派と三成派に分かれ権力争いが

続き、1600年に関ヶ原の戦いが勃発します。

　豊臣政権の奉行衆と懇意の昌幸と幸村は、三成派として、徳川家と対峙することになりました。このお披露目のチャンスでもある第二次上田合戦で、上田城にて徳川秀忠の軍勢3万8,000人を親子で迎え撃ちました。

　秀忠は大きな戦いを仕掛けずに、急いで上田城をあとにしたとも言われています。実際は小競り合いレベルの戦いはしたようで、幸村も何度か出撃したようですが、戦いの内容的に全国にその名をとどろかせるには至りませんでした。

　戦国武将は、戦場などでプロモーション（お披露め）する場面がなければ、武将としての価値を世間に知らしめることができないため、その名声やブランド力を高めることができません。

　同世代の立花宗茂の場合、関ヶ原の戦いでも、当主として一軍を率いて戦ったことで、宗茂ブランドの認知を広め、敗戦後も評価を高めました。ここでの潔い立ち居振る舞いも見事で、そのあとの宗茂の大名復帰に繋がりました。

　その他の同世代の武将たちも自軍を率いて、戦場に出でて、名を知らしめることができました。残念ながら幸村は、実力を見せるチャンスがないまま、関ヶ原で負けてしまいました。

　そして、敗戦の責任を取って、親子ともども、和歌山県の九度山にて蟄居させられたため、その能力は誰からも知られることはありませんでした。昌幸への警戒に巻き込まれた形で、一度もその実力が日の目を見ることも無く、高野山の玄関口の山あいの村で、14年という年月を過ごすことになります。

5 遅れてきたルーキーの大活躍

14年間、大きな戦もなく、このまま平和な世の中が続くと思われていたところ、徳川幕府と大阪の豊臣家の関係が不穏になってきました。

現代まで語り継がれる大阪の陣の開戦です。大阪方は、改易された大名家や仕官先を失った浪人などに声をかけて、人材と戦力の確保を始めました。馬廻り衆時代の同僚で、現在の豊臣家重臣である大野治長は、徳川家すら忘れかけていた存在の幸村のことを覚えていました。旧知の同僚から誘いを受けた幸村は、躊躇することなく参陣を決めます。勝つ見込みの少ない大阪方に参加を決めた理由としては、秀吉の馬廻り衆として豊臣家に恩義があったのが理由の1つでしょう。

しかし、自分の才能をプロモーションする機会がやっと巡ってきたというのが本心だったかもしれません。生まれてこの方、ベンチを温めるだけで過ごしてきて、初めて訪れたレギュラーのチャンスです。いままでのうっ憤を晴らすかのように、豊臣家で活動を始めます。初戦の大阪冬の陣では、「**京を抑えるために、滋賀の大津まで攻め上がる作戦**」を立案するなど、積極的に発言をしていきます。結局、この積極攻勢案は受け入れられず、消極的な籠城案が決定されます。

次に幸村は、籠城戦を優勢に進めるために、大阪城の平野口の外側に、出城を構築します。これが有名な真田山です。この出城を拠点にして、徳川軍を散々に苦しめ、平野口担当の前田家に大損害を与えました。

幸村は、生まれて初めて、自らの立案能力と武略をプロモー

ションできる機会を得ることができ、味方だけでなく、徳川軍および家康にまで、その名を知らしめることに成功しました。

徳川家での幸村の評価は大阪の陣前と大きく逆転しました。

6　幸村のねらいはブランドイメージの転換？

いったん、講和を結んで停戦となった際に、幸村の実力を知った徳川家は、10万石での大名取りたてを条件に、寝返りを説得してきました。

幸村の強みである武勇と知略を高く評価したのもありますが、その名声の高い幸村を寝返らせることで、豊臣家に心理的なダメージを与える目的もあったでしょう。

そのころ豊臣家内では、講和派と抗戦派の激しい争いがあり、一枚岩とは言えない状況でもありました。

しかも、講和の条件で大阪城周辺の堀を埋め立ててしまっており、各段に防御力が落ちた状態のなかで、徳川家との戦いに挑む流れになりつつありました。現場の指揮官である幸村としては、次は勝ち目の少ない戦いになることは目に見えていました。

しかし、お金や出世のためではなく、世の中に真田家、そして自身の名を知らしめることを目的としていた幸村は、大名への取り立ての誘いを断りました。ここで、幸村の経歴に潔さが加わり、後々の人々の心を掴む要素の1つとなります。

もし、このとき徳川家の誘いに乗って大名になっていたとしたら、現在のように誰もが知る戦国武将にはなっていなかったと思われます。幸村は記録ではなく記憶に残る存在になる道を

真田幸村と真田家（大阪冬の陣後）		
内部環境	**強み**	**弱み**
	●幸村の武勇と知略 ●冬の陣での活躍による名声	●豊臣家中で政治的決定権がない
外部環境	**機会**	**脅威**
	●徳川家からの高評価 ●他の大名家からの高評価	●豊臣家の派閥争い ●大阪城の防御力の低下

選びました。その結果、父昌幸が、真田家の生き残りのために、従属先をコロコロと変えていたころの得体の知れないイメージを払拭することにも成功しました。

真田家は御恩ある豊臣家に殉ずる姿勢を見せる日本一の忠義者というイメージに書き換えました。昌幸が老かいな戦略家というイメージだったことを考えると、大阪の陣以降の真田家は真逆のイメージになりました。そして、幸村は再開した大阪夏の陣でも、歴史に名を遺す大きな活躍を披露します。

7 幸村の最後のプロモーション

現在の大阪府藤井寺市付近で起きた道明寺の戦いでは、同世代筆頭の伊達政宗の軍と激突し、大阪方の殿として、伊達家の攻撃を退けて、撤退戦を成功させています。幸村としては同世代の武将たちへの面目躍如といった感じだったでしょう。

最後の天王寺口の戦いで、幸村は、毛利勝永と明石全登と組んで、何度も徳川家康の本陣に攻め込んで、家康本陣の馬印を倒し、あわや家康が自害するかという状況にまで追い込みました。こうして家康本人に自分の能力を評価しなかったことを後悔させることに成功しました。

　ちなみに、家康が馬印を倒されたのは、信玄との三方ヶ原の戦いに続いて2回目で、よほど武田家との相性が悪いようです。そのため、武田家の武力への羨望も強く、家康は井伊家に武田の赤備えとその戦法を受け継がせています。この家康本陣への突撃作戦は、その井伊家による横やりを受けて、幸村の軍は突き崩され、家康に手の届くところまで行きつつも力尽きました。結果としては、多勢に無勢もあり、大阪方は敗北し大阪城は落城、幸村も大阪の四天王寺付近で討ち取られ、その波乱の生涯を終えました。

　しかし、大阪の陣での数々の戦いを経て、家康がその武勇を賞しただけでなく、島津忠恒は「**真田日本一の兵、古よりの物語にもこれなき由。惣別これのみ申す事に候**」と、細川忠興は「**左衛門佐、合戦場において討ち死に。古今これなき大手柄**」と、それぞれ書き残しています。ここから、幸村は「**日本一の兵（つわもの）**」と呼ばれるようになりました。幸村の一世一代のプロモーションは命と引き換えに成功し、豊臣家への忠義ぶりとあわせて後世にまで語り継がれることになりました。

まとめ

　幸村は、現役の真っただ中には、戦場での出番がなく知名度を得られませんでしたが、人生の最後の戦で、自分の能力を見事にプロモーションできました。現在でも、大阪の陣では負けた側の雄姿に注目が集まっていて、勝利側の活躍はほとんど取り上げられていません。

　幸村が、大阪方として、最後まで戦い抜いたことは、全国に

名をはせるためには正しい選択でした。伊達政宗は、真田の血を惜しみ幸村の次男をかくまって藩士として取り立てたり、黒田長政は幸村の雄姿を屏風絵に描いて残したりと、それぞれのやり方で幸村の武勇を称えて、後世に残しています。

　しかも、政宗は幕府からの詮索を跳ね返しており、幸村の血脈は仙台真田家として現在も残っています。政宗も同世代の勇将である幸村の血を残しておきたかったのでしょう。幸村の事跡は、江戸時代に「真田三代記」という物語にまとめられたことで一般庶民にも名を知られるきっかけとなります。

　そして、明治、大正ごろに、その物語を元に有名な「真田十勇士」という講談が作られ、幸村はヒーロー的な武将として人気を得ました。そのあとも、ゲームやドラマでも人気の武将として定着し、TV番組の戦国武将ランキング等でも上位に入る武将になりました。

　大名家として幸村の系統は残りませんでしたが、現代での知名度でいうと、同年代の武将のなかでは、幸村ブランドがダントツの人気を誇ります。

　それは、幸村が自分の能力を発揮できない不運な時期を長く耐え忍んだことと、最後に華やかな活躍をし、律儀に豊臣家に潔く殉じたことで伝説として完成しました。日本人は悲運なストーリーを好む傾向が強く、それが効果的なのブランドの要素となるようです。

この章のまとめ

（1）戦国時代のブランディング

　現代では、伊達政宗と真田幸村は知らないものはいないほど有名な戦国武将です。小説から大河ドラマや時代劇などに映像化され認知が広まりました。最近ではゲームの主人公的キャラクターとして取り上げられて、若い世代にもその名は浸透しています。

　また、特に印象に残りやすくイメージしやすいのが、甲冑のデザインや色に特長がある点です。その結果、現代の多くの人からも、政宗なら黒、幸村は赤とイメージカラーを持たれたりして、ブランディングに成功しています。また、政宗なら隻眼で眼帯をしていて、幸村なら六文銭の独特な家紋などもイメージされます。

　戦国時代も自分の出世のために、手柄や功名を目立たせる必要がありました。そのため、多くの戦国武将が、現代に通じるようなブランディングを行っていました。一方、立花宗茂は、現代では歴史に興味ある人は知っていますが、あまり一般的に認知はされていないのが現状です。

　戦功や業績も数知れず、秀吉や家康などの権力者や同僚たちからの評価だけで言えば、他の2人よりも大きく優れているはずです。

	イメージ	一軍の将としての戦績	幕府との関係性
伊達政宗	黒、隻眼	奥州での戦い、文禄の役、関ヶ原の戦い、大阪の陣	野心的行動が多く、信用できない存在
立花宗茂	ない	九州征伐、文禄慶長の役、関ヶ原の戦い、島原の乱	忠義に厚く、信頼できる存在
真田幸村	赤、六文銭、	大阪の陣	最大の敵

（2）　３代将軍徳川家光に愛された政宗、宗茂ブランド

　家光は、関ヶ原の戦いも終わり世の中が安定し始めたころに生まれ「余は生まれながらの将軍である」と大名たちに宣言をし、威勢を張ってみせます。

　しかし、内心では、戦場経験が無いことがコンプレックスだったようで、戦国時代の生き残りの老将たちから話を聴くのを好みました。その筆頭が、伊達政宗と立花宗茂の２人でした。政宗については、その傾奇な性格を好んで「伊達の親父殿」と、尊敬の念を持って、徳川の一門衆並の扱いをしました。関係性のよくない父の秀忠の代わりとして、親戚の伯父さんのように思っていたのかもしれません。

　宗茂においては、将軍家で催される文化的行事や京への上洛などに必ず連れて歩くほどの気に入りようで、肌身離さずに手元に置きたい存在でした。宗茂も、御前で頭巾を被り、殿中で杖をついても許される等の特権が家光から与えられていました。

　江戸時代の最高権力者である家光にとっては、家柄もよく、実戦経験も多く、人間性に特長のある政宗と宗茂のブランド力は魅力的でした。

　徳川家に忠誠を誓っている大名家であることも、家光からす

ると安心感を持てるのが重要なポイントです。特に品行方正な茂宗は、現代であれば保守的な上流階級が好みそうな老舗ブランドというイメージです。

（3）庶民人気を得る幸村ブランド

一方で、幸村は徳川家に反逆したまま、討死を遂げているので、政権側としては好ましくない存在です。

父昌幸と幸村の二代続けて、家康に煮え湯を飲ましているだけに、歴史的にも抹殺したいイメージです。家康からは大阪の陣のときに真田が大阪城に入城したと聞いて、「親の方か子の方か？」と慌てて聞いた逸話が残るほど、恐れられてもいました。

しかし、その反権力的なストーリーが江戸時代の庶民に受け入れられて「真田三代記」として人気を博しました。絶対的な権力に対抗して、勝ち目のない戦いに身を投じ、最後は花と散る姿は、判官びいきの日本人の性格にマッチしたようです。最高権力者の家康をギリギリまで追い詰めたことで、一般庶民の間で強く支持された点が、政宗や茂宗との大きな違いです。

さらに、明治・大正時代には「真田十勇士」などの講談となり、庶民の間で広く愛される存在となっていきました。また、昭和に入ると「真田太平記」という小説にもなり、そのあとNHKでも大河ドラマ化されて、さらに幸村の知名度は上がりました。

（4）庶民に愛されるブランドに必要なスパイス的要素とは？

　伊達政宗も「独眼竜政宗」が大河ドラマとなり、大ヒットして、一般人においてもその知名度は高くなりました。政宗が人気を得たのは、その派手な行動や野心溢れる行動に理由があると思います。秀吉に臣従を誓うときに白装束で現れたりして世間の耳目を引く行動をとり、その裏では葛西大崎一揆を扇動して、領土拡大を狙った活動を止めなかったりと、ツッコミどころも多くキャラクターとしての面白みが満載です。

　関ヶ原の戦いでも、家康派に付きながら、同じ家康派の南部家領内での一揆を扇動するなど、野望をなかなか諦めない姿勢も、政宗の人間性を魅力的にしており、この辺りが現代でも好まれているのだと思います。

　一方、宗茂は人間性も誠実で忠義に厚く、数々の戦で活躍し、領民にまで愛されているとあまりにも優等生過ぎて、逆にキャラクターとしての面白みに欠けていると思われているのかもしれません。政宗も幸村もキャラや行動に一振りのスパイスが利いている点が、面白みとなって広く支持をされていると思われます。権力者に従順で大人しい政宗や、権力者に反抗しない幸村だと、これほどの支持を受けていないと予想はつきます。

　ブランディングにおいて、他とは一味ちがうスパイス的な要素は重要だと、この三家の事例が示してくれています。

戦国武将たちのマーケティング

第2章 戦国時代のブランディングの 成功と失敗 まとめ

伊達政宗

立花宗茂

真田幸村

傾奇者のイメージ強

黒

派手なパフォーマンス

隻眼

白束装

過去〜現代 愛されている

LOVE

政宗

忠義者のイメージ強

＝「まじめ」なコト

品行方正だけど…

庶民には

ストーリーにおもしろみがない…

当時は有名 BUT 現代では 無名

ちーん だれ？

反体制のイメージ強

反権力＝庶民の憧れ

L 庶民

現代では 誰もが知る HERO

「真田三代記」 「十勇士」

第3章

戦国武将たちの組織と人事

「意思決定権がない
リーダーの
成功と失敗」

1 島津義弘

なぜ、当主権の弱い古い体制を改革できたのか？

しまづよしひろ
　島津義弘が率いる島津家は、九州統一を目前にするほどの強さを誇りました。しかし、当主権が弱い古い組織だったため、家中の統制がとれずに豊臣政権から改易される可能性もあるような状態でした。

　なぜ、旧態然とした組織の島津家が、幕末まで生き残れたのでしょうか？

島津義弘 年表

1535年	島津貴久の次男として誕生。
1576年	兄義久とともに、薩摩・大隅・日向の三州統一を達成する。
1587年	九州統一を目指すも、豊臣政権に降伏する。
1588年	羽柴姓・豊臣姓を受ける。
1592年	文禄の役で大遅陣となる。
1594年	石田三成に太閤検地を要請する。
1598年	慶長の役で著しい活躍をする。
1600年	関ヶ原の戦いに三成派として敗北。島津の退き口を見せる。
1619年	大隅加治木にて死去。

1 　問題だらけの島津家の組織体制

　島津家は、家祖の島津忠久が源頼朝から薩摩・大隅・日向の三国の守護に任じられました。薩摩を中心に守護大名から戦国大名へと発展し、幕末まで大名として君臨した数少ない名門の家柄です。親兄弟での家督争いや本家と分家の争いが増え、一時的に弱体化することもありました。十五代目の島津貴久のこ

ろから勢力を挽回し、次の島津義久のときに、薩摩・大隅・日向の三国を支配下に取り戻しました。

　「島津に暗君無し」と言われるのは、危機的な状況になると、名君が表れて、島津家の没落を防ぎ、明治維新まで家を保ってきたためです。幕末にも斉彬などの名君が表れて、島津家を盛り立てていきます。三州統一を果たした義久は、有能な弟の義弘、豊久、家久、強力な家臣団を率いて、九州の統一事業に着手します。

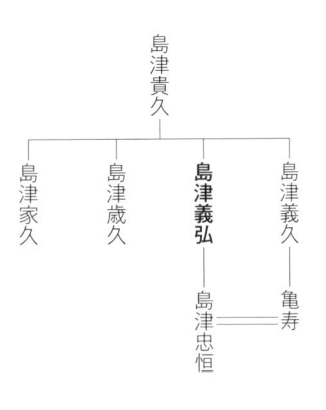

　「沖田畷の戦い」で、龍造寺家当主の隆信を打ち取り、「耳川の戦い」で大友家を破り、九州制覇に手をかけたところに、豊臣政権による九州征伐が開始されました。島津家も、九州の各勢力を傘下に加えながら拡大してきましたが、20万とも言われる豊臣政権の大兵力の前には衆寡敵せず、島津家は追い詰められ、降伏しました。その際に、当主であった義久は責任を取って形式上隠居します。対外的な代行者として弟の義弘が、豊臣

島津義弘と島津家（本能寺の変後）

内部環境	強み	弱み
	●島津四兄弟の能力の高さ ●強力な家臣団 ●鎌倉以来の名門と伝統	●組織が古い体制 ●当主の権限が弱い
外部環境	機会	脅威
	●公家の名門近衛家との関係性 ●石田三成との関係性	●豊臣政権からの忠勤の要求

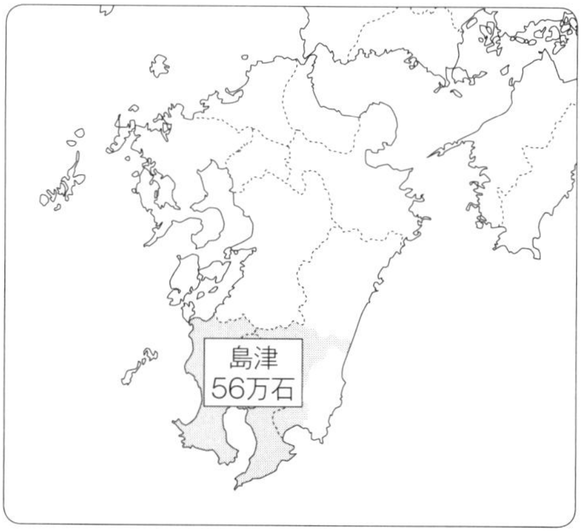

政権との交渉窓口となりました。そのため豊臣政権から、義弘には豊臣姓が与えられましたが、義久には羽柴の名字のみと兄弟２人の扱いには明確に差が付けられました。これ以降の島津家は、国内を義久が担当し、国外を義弘が担当するという２頭政治的な体制を取ります。

しかし、この体制が豊臣政権との関係性構築のうえで、色々な弊害を起こすことになります。また、島津家は、鎌倉以来という伝統もあり、その領地の支配体制も古い時代の豪族の連合体のままでした。傘下の国人領主たちは土地を所有する独立し

た存在で、島津家はその連合の盟主というだけです。そのため依頼や指示を拒否されることがよく起きました。

島津家と言えばあの有名な「島津の引き口」を思い浮かべます。義弘を中心に団結し、少数の兵で敵中を突破し、大阪まで脱出に成功したのですが、当初はあの強固な島津軍団というイメージとはかけ離れた状態でした。このような古い豪族連合的な体制が、対外交渉責任者の義弘を何度も窮地に立たせることになります。

2 権限が弱い島津家当主の課題

鎌倉時代の守護大名から始まり、戦国時代までを生き抜いてきた伝統のある島津家ですが、その支配体制は、当主の権限が非常に弱い体制のままでした。国人領主の最大の者が島津家というだけで、他の国人領主たちは、義弘たちの直接の家臣ではありません。現代ですと、多国籍軍または有志連合のリーダーという表現が正しいかもしれません。国人領主に対して、絶対的な命令権もなければ、人事権も有していませんでした。

実例を挙げると、秀吉からの要求で義弘が上洛したものの、家老および誰もが随行を嫌がって来ないため「島津家からの随行もみすぼらしいほど少なく、同じ九州の龍造寺や鍋島、立花に劣るほどで死ぬほど恥ずかしい」と手紙で嘆くほどの状態でした。さらに、滞在費用にもことかく状況です。

当主代行とも言える義弘が、家臣たちに色々な要求や指示をしても、それに応えない者が多く出て、強制できてない点からも、我々の想像以上に当主に権限がないことがわかります。勇

猛果敢な戦国大名というイメージの島津家とのギャップが激しいです。

　ただし、これは島津家に限った話ではなくこの時代、当主権限の強化は、多くの戦国大名の共通の課題でした。江戸時代に入ってから、この課題克服のために非常に苦労することになります。しかも、当主権限の弱さが原因となり、御家騒動に発展することもよくありました。さらに、島津家の場合は、兄の義久が協力的でないことも大きな問題でした。

　義久は、鎌倉以来の伝統ある島津家にプライドを持っていたため、どこの馬の骨ともわからない豊臣秀吉に服従することを嫌っていたとも言われています。そのため、できるだけ豊臣政権と距離を取ろうとして、義弘の要求をあえて無視することもありました。こうして豊臣政権の期待に応えない島津家に対して、政権内部での評価も下がり続け、島津家の取り潰し、または転封という話も出てきそうな状態になりつつありました。義弘はこの御家の危機を避けるためにも、従来の豪族連合という体制を変革する必要に迫られました。

　義弘には、「**古い豪族連合体制の改革**」「**義久との二頭体制の改革**」と２つの課題がありました。しかし、自力での家中改革は非常に難しいため、外部の助力を得る必要がありました。現代で言うところのコンサルタントです。そのコンサルタントこそ、秀吉の側近中の側近である石田三成でした。

３　コンサルタント石田三成による組織改革

　当時は、想像以上に島津家が直接支配する領地は少なく限ら

れていました。薩摩・大隅・日向の領地の多くは家臣たちが所有するもので、島津家の管理外になっていました。そのような状況のため、義久や義弘の上洛費用や各戦費の捻出のために手持ちの少ない領地を売却していました。当主とは名ばかりでその権力は非常に小さいものでした。

文禄慶長の役では、義久を含む家中の非協力的な姿勢もあり、義弘は兵を運ぶ船を十分に用意できずに、遅参して恥をかくことになりました。それは、義久への手紙に「**日本一の大遅陣**」と書き残すほどでした。会社のためにと動いているのに、大事なときに上司も部下も協力しないという、目も当てられない状況と同じです。

義弘は、この窮地を脱するため身内の誰でもなく、豊臣政権の奉行衆で、外様大名の取次役でもある石田三成に島津家の支配地の検地を依頼します。通常の大名は自ら望んで検地を依頼することはありませんので、義弘の苦しい事情が見えてきます。三成も、取次役という役目柄、島津家の不始末は自身の評価にも関わるため、積極的に支援をしてくれました。

そして、文禄慶長の役で、島津領内から兵が遠征に出ている間を狙って、三成の家臣団によって、検地が行われました。

不満を減らすため家臣団の石高は維持したまま、義久、義弘など当主層の石高を大幅に増加させる手法を使って、島津家中でのパワーバランスを変更させました。いままでは、家臣団の合計値よりも、義久・義弘の合計の方が少ないといういびつな状態でしたので、これを逆転させました。

さらに、島津家当主が自由に家臣に加増できる分として12万

島津家の領地の割合の変遷

	検地前	検地後
義久	2万7,000石	10万石
義弘	1万2,000石	10万石
伊集院	2万1,000石	8万石
家臣	14万1,000石	14万1,000石
その他	2万4,000石	1万4,000石
加増分	0	12万5,000石
合計	22万5,000石	56万石

5,000石を付与することで、家臣団への褒美や褒賞を与える権限を増やしてやり、当主権の強化を図りました。これによって、島津家当主が人事権を握れるようになります。

　また、全体の石高が倍増していますが、これは計測方法が変わった結果で、領地が拡大したわけではないのがポイントです。これによって、家臣の石高は額面上維持されているようにみえて、実際は領地を縮小されており、その分が義久や義弘たちに与えられています。この辺りも経験豊富な検地コンサルタントの三成の知恵です。

　これは現代でいうと、株主総会での議決権を島津家が握れるように、外部の力を借りて経営陣の保有株式を増加させることと同じです。最期に、この検地での石高変更に合わせ、家臣団の領地替えを行って土地との切り離しを行い、家臣団の弱体化を推進しました。

　土地との結びつきを断たせ、その独立性を排除し、島津家への依存度を高めるように仕向けます。そして、家臣団が指示に従わない場合は、豊臣政権の武力を背景に、力ずくで統御して

いきました。もう1つの改革のポイントは、義久と義弘の領地を同じ石高に調整した点です。

権限が非常に弱い義弘を支援するために、家中での発言力を大きく強化させました。増加率で言えば、義弘が約8.3倍、義久が約3.7倍と大きな差をつけて、豊臣政権や三成からの信頼度や評価を目に見えるように表しています。

4 目先のためだけでなく将来を見据えた改革

取次役の石田三成は、豊臣政権の中枢にて、九州征伐や文禄慶長の役の大軍の補給を滞りなく管理できる能力を有している腕利きの実務家でした。

豊臣政権と各大名との取次役という仕事を通して、現場の状況にも詳しく、経験も豊富でした。財政に詳しい点からも、優秀な財務コンサルタントの要素を持っていました。

島津家は組織体制が古いだけでなく、その収益構造も昔のままでした。そこで、検地による当主権限の強化以外にも、島津家の財政改革に着手します。

三成は、まず島津家の財政状況を明らかにするために、帳簿（単式簿記）、現代でいう資金繰り表の作り方をアドバイスします。いままでどんぶり勘定に近かったものを改めさせ、島津家の財政収支を帳簿につけて、常に正確に把握できるように指導します。つまり、いつ収入があり、いくら支出が出るのかを書面に記録し認識できるようにしました。中世の古い組織から近代的な収益管理ができる組織への変革を図ります。

同時に、無駄な経費の削減などを行い、できる限り出費を減

らし財政の健全化に努めます。三成は現代の事業再生と同様に、まずは正確な財務状況の把握とコストの見直しを行わせています。また調達部門が、不正なごまかしや着服、サボタージュを防ぐために、新しい管理監督部門を設置するなど、家中のコンプライアンスの強化も図りました。こうして、三成は島津家の弱みだった財政管理能力を高めるための基礎作りを支援しました。これが島津家で代々引き継がれていくことになります。

　島津家のある薩摩大隅地方は、水はけのよいシラス台地で、稲作に適さないため米の生産力が非常に弱く、販売して換金できる量も限られ、常に財政難に悩まされていました。そこで、米の売買から視点を変えさせます。シラス台地でも栽培できる大豆や雑穀などの米以外の品目に注目し、その生産量を上げ、大阪の相場で売買することで収益力の強化を図らせました。

　このときに、三成から学んだ意識改革によって、そのあとの奄美諸島での砂糖の専売制、琉球王国を支配下においての明との貿易活動など商業を意識して行動するようになります。

　米以外の収入源の確保、開発によって、幕末の島津家は豊富な資金力を有するようになり、欧米からの武器の購入が可能となります。巡り巡って三成による島津家の存続が、最終的に倒幕の原動力に繋がっていく点が歴史の面白さです。

5　残された問題で義弘が窮地に陥る

　三成による検地のおかげで、まず家中における義久と義弘の権力をようやく強化できました。あとは、義久との二頭体制の問題だけとなりました。

関ヶ原の戦いの家康派、三成派の武将

家康派	三成派
徳川家康	石田三成
伊達政宗	毛利輝元
最上義光	上杉景勝
加藤清正	宇喜多秀家
福島正則	佐竹義宣
黒田長政	島津義弘
細川忠興	立花宗茂
池田輝政	鍋島勝茂
藤堂高虎	長宗我部盛親
蜂須賀至鎮	真田昌幸
浅野幸長	安国寺恵瓊
山内一豊	小西行長
堀尾忠氏	大谷吉継
生駒一正	長束正家
堀秀治	織田秀信

　しかし、そのころ、秀吉の死後起こった三成たち奉行衆と家康との路線闘争により、豊臣政権は大きく石田派と徳川派の二派に分かれて、関ヶ原で決戦するところまで状況は悪化していました。義弘は、恩義ある三成からの誘いに乗る形で、軍勢を率いて関ヶ原に参陣しますが、畿内にいた兵をかき集めて、やっと1,000名という少ない兵力でした。豊臣政権内でも10本の指に入る石高の多い島津家としては、文禄慶長の役の遅参と同様に恥ずかしい状況です。

　これは、兄の義久が国元から軍勢を派遣しないためで、義久が義弘の行動の足を引っ張る問題は残されたままでした。現代でも起こり得ますが、会長と社長の意見の相違により、重要な

事業への投資が思うようにできずに停滞してしまっている状況と似ています。しかも、どちらも保有する株式が同数で拮抗しているパターンだと、２人の合意が取れない限り前に進めません。

　島津家もこれと同様で、三成による改革を経ても、義弘に絶対的な権限がないという問題はまだ解消されていませんでした。さすがの三成も会長の義久を排除するまではできませんでした。ただ、関ヶ原の敗戦後、会長の義久は、この問題を逆に利用して「社長の義弘の独断行動なので、島津家本体には責任はない」という体で、社長を後継者の忠恒（家久）に交代させて、徳川家との和議を図ろうとします。義久は豊臣政権時代以上に強硬な対応を取り続け、家康からの上洛要請にも一向に応じませんでした。

　徳川家も源氏を僭称していますが実際は出所のわからない家柄のため、義久は相手にしたくなかっただけなのかもしれません。そのような駆け引きを経て、本領安堵を家康から引き出すことに成功しました。島津家の危機に直面して兄弟による見事な連係プレーと言えば聞こえはいいですが、運よく利用できただけと言えばそれまでです。このあと、義久、義弘、忠恒の３頭体制を生み出す結果になり、さらに複雑化してしまいました。

まとめ

　文禄慶長の役での武勇により「鬼島津」とあだ名された島津家ですが、その実態は、まともに兵を集められないほど、当主の権力基盤はぜい弱でした。また、国内担当の義久と国外担当

の義弘の兄弟間での生存戦略も違っており、義久は中央政権と距離を置くことを基本にしているため、豊臣家と誼を通じて島津家を守ろうとする義弘とに大きな食い違いがおき、島津家をさらに右往左往させています。そのため何かある度に、義弘が豊臣政権から詰められて、嘆きの手紙が多く残されています。戦に強く精悍な武将のイメージとは違った一面です。

　ただ、義弘が、優秀なコンサルタントの力を利用して、家中の反対をよそに島津家の体制改革に踏み込んだのは正解でした。この点はさすが稀代の名将の英断だと言えそうです。三成による検地での知行割合の変更が、当主権力の強化へと繋がり、江戸時代以降、藩主が強力なリーダーシップを発揮できる土壌となりました。

　そのおかげで、幕末には、島津斉彬や久光が自分の思うような尊王活動を行えました。

　また、財務管理の強化、収益力の改善などの三成の施策が、米に頼らない収益源の獲得へと島津家の意識を変えました。それがのちの薩摩藩の資金力の源泉にも繋がり、欧米からの新型の武器の導入の原資となります。

　こうしてみると、幕末の薩摩藩の原型を作ったのはコンサルタントの三成かもしれません。また、そのコンサルタントの導入を決断した義弘の功績も大きいと言えます。その決断のおかげで、関ヶ原の戦いでの雪辱を260年後に戊辰戦争で果たし、新政府を樹立できました。

② 最上義光

なぜ、出羽57万石を改易されたのか？

　最上義光は、調略や謀略を駆使し、周辺諸侯を支配下に組み込んで、急拡大を続け最大57万石にまで版図を拡大しました。しかし、家中の派閥争いは激しさを増して、お家騒動にまで発展し、遂には改易されてしまいました。

　なぜ、家中の派閥争いを収め改易を逃れることができなかったのでしょうか？

最上義光 年表

1546年	最上義守の長男として誕生。
1574年	伊達輝宗が介入する父義守との争いに勝利する。
1584年	最上郡を統一する。
1590年	小田原征伐に参陣。出羽24万石を安堵される。
1600年	関ヶ原の戦いに家康派として勝利。57万石に加増される。
1603年	長男の義康を廃嫡、何者かに暗殺される。
1614年	山形城にて死去。次男の家親が承継する。
1617年	家親が死去。子の義俊が承継する。
1622年	最上騒動にて改易となる。

1　強引な手法で勢力拡大を目指す最上義光

　最上家は、足利氏の庶流にあたり、南北朝騒乱の時期に、現在の山形県の最上郡に入部したのが始まりとされます。室町時代の羽州探題という出羽地方を統治する役職を世襲できる名門の家柄でした。室町中期まで、出羽方面を中心に勢力を保っていましたが、伊達政宗の曽祖父稙宗との戦いに敗れ、その傘下

となりました。

　伊達家から後継者問題に介入を受けるほど弱体化し、奥羽地方での地位は低下していきました。このころから隣の伊達家との因縁が深くなっていきます。また政略結婚により、義光の妹が伊達家に嫁いで生まれたのが政宗で、さらに血縁関係も深まります。

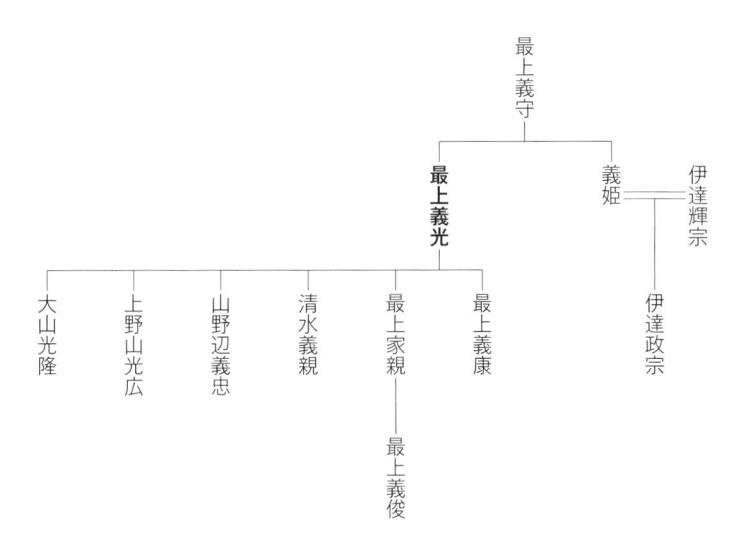

　1570年、義光と父の義守の間で、家督相続に絡んで、家中を二分する争いが起きました。一度は、父義守が隠居し、義光が家督相続することで和解に至ります。しかし、4年後に義光の強引な政治手法に、父義守が反発して2度目の派閥争いが起きます。実際は、最上家の家臣や従属している豪族たちに不平不満がたまり、隠居していた父義守を担ぎ出したのが本当のとこ

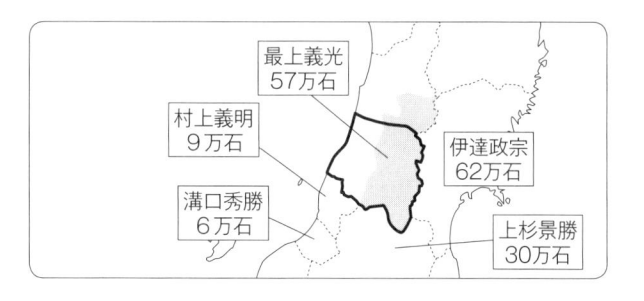

ろでしょう。最上家に従属している豪族たちは、独立心が強い
ため、長く最上家を悩ますことになります。ここに伊達家も介
入してきましたが、これを撃退し、調略や謀殺を繰り返して各
個撃破していき、1年ほどで支配下に置きました。そして義光
の力によって、念願の伊達家からの独立に成功しました。

2 謀略家義光の出羽統一戦略のデメリット

　義光は、羽州の狐という呼び名を持つように、調略、謀略を
得意とする戦国武将でした。調略に応じない敵の城将を病と偽
っておびき出して暗殺するなど強引な手法を使う反面、敵対勢
力の部下だった鮭延秀綱や里見民部、野辺沢光昌、東根景佐な
どが最上家に寝返えると、城持ちの重臣として重用しました。
これは義光の器量の大きさを、広く知れ渡らせることを狙った、
一種のブランディング戦略です。

　寝返れば重用されるという安心感を生み出したことで、急速
な勢力拡大に成功し、義光は一代で最上郡と村山郡を制圧し24
万石の大名となりました。この優遇策によって、寝返ってきた
外様家臣たちの知行が、譜代家臣の知行よりも高くなるデメリ

ットがありました。長年、最上家に仕えてきた譜代家臣には不満が蓄積されていきました。

　また、弟や息子たちを、積極的に有力な豪族の元に養子として出していき、一門衆化を図るなどの外交戦略も駆使しました。弟の光直と義保、三男の義親、四男の義忠、五男の義直、六男の光隆をそれぞれ有力な豪族の元に送り出しました。

　しかし、その副作用として、有力豪族の城や領地を継承した一門衆の発言力が高まることになり、また各々の独立心も強まります。一門衆のなかに、自身の権限を守ろうとする意識が生まれていきました。これも、外様家臣の重用と同様に、後々の最上家で起きるお家騒動の要因となります。

3 生き残りのために豊臣家と徳川家への両面作戦

　義光は、巨大な豊臣政権が誕生すると、1590年の小田原征伐に参陣して臣従を誓い、長男の義康と三男の義親の2人を人質として派遣しました。謀略家の義光は、安全を担保するためにそれとは別に保険をかけます。

　政権内の実力者の徳川家にも、次男の家親と四男の義忠を人質として送り出し、関係性の強化を図ります。最上家の安泰のために、豊臣家・徳川家の両面作戦を敢行しました。義光としては、最上家の生存戦略の一環でしたが、この両面作戦が、一門衆や有力家臣たちの派閥争いを生み出して、義光亡き後の御家騒動の発端に繋がります。

　当初、両面作戦を取っていた義光ですが、1595年に、秀次切腹事件によって、秀次の側室だった16歳の愛娘が刑死させられ

最上義光と最上家（関ヶ原の戦い後）

	強み	弱み
内部環境	●羽州探題の家柄 ●**義光のカリスマ性と能力の高さ** ●徳川家との関係性 ●出羽57万石の領地	●古い豪族連合体 ●**一門衆や家臣の発言権が強い** ●当主権限が相対的に弱い ●**長年の派閥争い**
	機会	脅威
外部環境	●徳川家の勢力拡大 ●豊臣家の権力縮小	●上杉家の米沢での存続 ●伊達家の動向

たことを恨み、家康への接近を強めます。1600年に関ヶ原の戦いが起こると、家康の東軍につき、上杉家の支配下にあった山形の庄内地方を武力で奪回しました。戦後の論功行賞において、攻め取った庄内地域などを正式に加増され、27万石から一気に57万石相当へ領地が倍増となりました。最上家の支配領域は義光一代で、ほぼ現在の山形県、羽前一国に相当するほどまでに拡大しました。

　この急激な最上領の拡大を受けて、義光は、一門衆や有力家臣たちに、国境周辺の城と大領を与えて、国の守りを固めさせる方針を取りました。また、降伏してきたたばかりの下秀久を2万石の城主に据えて、急ぎ体制を整えました。こうして、一門衆や家臣たちに大盤振る舞いをしたことで、最上家内のパワーバランスにひずみが生まれていきました。

4　最上家中に1万石以上の大名クラスの家臣が続出

　戦国大名の多くは、当主の権限が弱い豪族連合体のような古い支配体制のままでした。武田信玄もこの体制から、当主権限の強い体制に移行させるのにかなり時間がかかっています。最

上家も同様に、周辺の豪族たちによる連合体の盟主、旗頭という地位でしたので、その当主権限には制限がありました。

　さらに、関ヶ原の戦いで加増を受けて、一門衆や有力家臣たちの知行地を大幅に増したことでさらに家臣たちも強い発言権を有するようになりました。義光の優遇政策による拡大戦略のツケが出てきます。結果として、江戸時代の初期には、城持ちの1万石以上の家臣が16人、1,000石以上が63人となってしまいました。

　つまり、最上家の山形藩のなかには、大名クラスの家臣が16人もいるような状態です。1万石を越えてくると、各々が独自の家臣団を有して、知行地を運営していくため、江戸時代の支藩のように半ば独立した存在となってしまいます。

　しかも、問題なのは、一門衆や家臣たちと最上本家との知行地の割合の異常さです。最上領は、公称57万石とされていましたが、実際は100万石近くあったと言われています。記録に残っている家臣の知行を合計すると66万石にも達しており、最上宗家が自由にできる分は34％つまり、全体の3分の1ほどしかありませんでした。

　現代の企業の株式の保有割合に例えると、経営者である当主の持ち株比率は単純に3分の1となり、これは経営権の安定と言う面では非常に低く危険な状態です。株式会社であれば、株主総会において社長である取締役の解任さえできてしまう割合です。中小企業の場合なら、経営者は最低でも議決権の「**過半数**」以上、絶対的安定を考えると議決権の「**3分の2以上**」は保有しておくべきと言われています。戦国時代においても、一

主な最上一門衆・有力家臣の石高

清水義親	一門衆：義光3男	2万7,000石
山野辺義忠	一門衆：義光4男	1万9,000石
上野山義直	一門衆：義光5男	2万1,000石
大山光隆	一門衆：義光6男	2万7,000石
楯岡光直	一門衆：義光弟	1万6,000石
松根光広	一門衆：義光弟の子	1万2,000石
氏家光氏	一門衆：義光の縁戚	1万7,000石
東根景佐	一門衆：義光の縁戚	1万2,000石
野辺沢光昌	一門衆：義光の縁戚	2万石
里見民部	家臣	1万7,000石
鮭延秀綱	家臣	1万2,000石
本庄満慶 (楯岡満茂)	家臣	4万5,000石
志村光安	家臣	3万石
寒河江広俊	家臣	2万7,000石

門衆や家臣の発言力が以上に強い体制ですと、当主への不平不満からエスカレートして、お家騒動に発展することがよくありました。

　隣りの伊達家も最上家より少しだけマシとはいえ、1万石以上の者が11人もおりました。そのなかに3万石を有する政宗の10男の伊達宗勝がおりました。この宗勝が、政宗亡きあとの伊達本家の後継者問題に介入したことで、江戸時代の三大御家騒動と言われる伊達騒動を起こすことになります。そこに、他の一門衆の思惑も絡み騒動は複雑化しました。

　そして、最上家でもこの事件と同様の「**最上騒動**」と呼ばれる御家騒動が起こります。

5 　繰り返される父子間の争いと派閥争い

　1602年ごろまで、最上家では長男の義康が家督を承継することが周知されていました。

　すでに義康が、当主代行としての活動も始めていたこともあり、最上家中でも既定路線となっていました。しかし、徳川家が実権を握ったことで、豊臣家に近侍した経験のある義康よりも、家康に仕えていた次男の家親の方が当主に相応しいのではないかと義光に迷いが生まれ始めました。

　重臣の里見民部などが、義光に讒言をしたことで、さらに義康との関係に隙間風が吹き出しました。元上杉家臣の原八右衛門などが加わり、派閥争いの要素も絡んで父子関係は修復できないまでに悪化していきました。ついに、義光が義康に最上家からの追放処分を下すと、反義康派が高野山へと向かう義康一行を襲撃し、暗殺してしまいます。これは、最上家に禍根を残さないために、義光が指示を出したとも、義光の意向を越えた家臣による勝手な行動だとも言われるなど、事件の真相は不明のままです。

　しばらくして、義光は、長男の義康への処置を後悔し始め、讒言を繰り返した里見民部を誅殺しています。勢力拡大のために寝返らせた家臣に振り回され、家中に重大な禍根を残しました。義光の強引な拡大戦略のツケが、「**派閥争い**」という形で表れてしまいました。問題の根本的な解決もされないまま、1614年に義光が亡くなり、次男の家親が家督を継承することとなりました。カリスマである義光が存命中は目立ちませんでしたが、一門衆や重臣間での争いがさらに表面化していきます。

6　家中の混乱が止まず最上騒動に発展

　1614年、三男の義親を支持する一栗高春が、新当主の家親の重臣を暗殺する事件が起こりました。家親は、一栗高春を滅ぼし、同年の大阪冬の陣が始まる直前に、三男の義親も豊臣方と通じているという嫌疑により攻め滅ぼしました。これは反家親派の粛清というよりも、最上家の当主権限の強化を狙ったものだとも言われています。家親は、義光時代に生まれた城持ちの一門衆や家臣団を弱体化させて、中央集権的な体制に変えようと試みたようです。

　しかし、1617年に家親は36歳という若さで急死してしまいます。父の義光の負の遺産の解消に手を付けようと試みましたが、実現できず、課題を残したままとなりました。代わって嫡男の義俊が継ぐと、最上家が大きく動揺し始めます。義俊が13歳と年少ということもあり、重要事項の決定には幕府の許可が必要となり、最上家の独立性は著しく低下しました。反家親・反義俊派は、義俊が凡庸でリーダーシップが欠如していると批判して、義光の四男の義忠を担ぎ出して、派閥争いが激化していきました。

家親死後の最上家の派閥

義俊派（義光の孫）	中立派	義忠派（義光の四男）
松根光広	大山光隆	山野辺義忠
氏家光氏	小国光基	楯岡光直
日野光久	新関久正	鮭延秀綱
		野辺沢光昌
		本庄満慶（楯岡満茂）

　四男の義忠も家康の元に人質として出されていた経験があり、幕府にも繋がりのあるため、対抗馬としは十分な資格を有していました。これは、幕府からの独立性の確保や最上宗家による中央集権化への反対運動の側面もあったようです。そこへ、義俊派の一門衆の松根光広が、幕府に「藩主の家親は、楯岡光直に毒殺された」と訴え出ました。徳川幕府を巻き込んだ御家騒動へと発展していきます

7　妥協すら許さない感情的な対立

　幼い当主の義俊には、松根光広が付き、義忠には楯岡光直や鮭延秀綱たちが付いたことで、最上家一門衆や重臣たちによる主導権争いの様相も見えてきました。そして、現代の相続トラブルと同じように、親族同士の争いであるがゆえに、どちらも感情的な対立へと激化していきました。

　幕府は、徳川家と最上家が家康の時代から同盟関係にあり懇意だったことも考慮して、なるべく穏便にこの相続トラブルを治めようと仲介を続けました。そして、義俊派の非を認め、57万石をいったん6万石に減封し、成人後に戻すことと、義俊派の筆頭である松根光広を追放するという和解案的な裁定を下しました。

　しかし、最上家の家臣の多くが義俊の当主就任を認めないと、幕府の調停案を拒否し続けたため1622年に最上家は改易となりました。多くの家臣が拒否した点からも、最上家中の家臣同士の軋れきは行きつくところまで行きついていたようです。最上家は義光が苦労して獲得した出羽57万石を没収されました。そ

最上義俊と最上家（お家騒動直前）		
	強み	弱み
内部環境	● 羽州探題の家柄 ● 徳川家との関係性 ● 石高57万石	● 組織が古い体制 ● 一門衆や家臣の発言権が強い ● 根深い派閥争い ● 当主が幼少
	機会	脅威
外部環境	● 徳川家による支配の確定	● 幕府権力の強化による大名の改易 ● 武家諸法度の成立

　のあと１万石で移封された義俊も27歳の若さで亡くなり、大名家としての最上家は消滅してしまいました。それ以後、子孫が5,000石の旗本身分となり、交代寄合として幕末まで細々と続いていきます。

　改易の結果、最上家の一門衆の多くも、各大名家へお預けとなり、義光の五男の義直や六男の光隆は、御家騒動の責任を感じて、蟄居先にて自害しました。６人いた義光の息子たちも四男の義忠以外はすべて亡くなってしまいました。義光が一代で急速に拡大させたツケが、最上家をわずか20年で消滅させ、多くの一門衆も死に追いやるという何とも無残な結末となりました。

まとめ

　最上家の最大の問題点は、急速な成長に伴って、無理やりに巨大化させた組織体制にありました。義光は、版図の拡大を急ぐあまり、調略による寝返りを多用しました。その結果、寝返った家臣に城や大領を与えるなど重用したことで、家中に色々な軋れきを生んでいきました。

　また、一門衆や家臣たちに城と大領を与えたことで、各々の独立志向が強まり、宗家と一門衆や家臣とのパワーバランスも悪くなっていきました。

　現代でも、創業者が強引な手法で会社を拡大させていったことで、色んなところにゆがみが生まれ、成長の勢いで見過ごされていたものが、経営者が入れ替わった途端に、問題点が噴出し、会社を危機に追いこんでしまうという例はよくあります。例えば、「会社の株式があちらこちらに譲渡されていた」「圧倒的に不利な条件で多額の借入をしていた」「先代が引っ張ってきた取締役が過半数を占めている」などの問題が先代の死後に出てきたという話もよく聞きます。

　義光も、最上家中に多くの問題点を放置したまま、亡くなってしまいました。そして、次世代の家親や義俊の時代に中央集権化を進めようとして、一門衆たちの反抗にあいました。家親が三弟の義親を攻め滅ぼしたのも、真の理由は、豊臣家との繋がりではなく、領地の直轄領化が狙いだったとも言われています。最上宗家が35％という低い割合しか掌握していない点を、当主権力強化のために強引に改革を進めたことが目に見えないところで反発を生み、その後の最上騒動へと繋がってしまったと思われます。

　その結果、四弟の義忠は最上宗家や執行部を信頼できないため、幕府の仲裁案を拒否してまで最上家の改易を選択したのでしょう。もし、義光が存命中にそのカリスマ性の元で多少強引だったとしても自らの手で組織改革をしておけば、最上騒動は起きなかった可能性は高いはずです。急激な組織の拡大には組

織的な歪みが起きることと、その改革や対策は自身が健在であるうちに目途を付けておくことが重要だと、最上義光の例が教えてくれています。

　問題を次世代へ先送りするのは非常に危険です。

3 佐竹義宣

なぜ、関ヶ原の戦いで何もしなかったのか？

佐竹義宣は、豊臣六大将とも呼ばれる領地と兵力を有し、豊臣政権内では、石田三成や上杉景勝と懇意にしていました。しかし、関ヶ原の戦いでは、三成派にも家康派にも加担しなかった結果、秋田へと減転封となりました。

なぜ、天下分け目の戦いで、中途半端な立場を取ったのでしょうか？

佐竹義宣 年表

1570年	佐竹義重の長男として誕生。母は伊達輝宗の妹。
1586年	父義重より家督を譲られ、二頭政治が始まる。
1590年	小田原征伐に参陣。常陸35万石を安堵される。
1595年	太閤検地を受け、当主権の強化を行う。
1600年	家中の意見が割れ、関ヶ原の戦いに不戦。
1602年	秋田20万石へ転封となる。支配体制の強化を図る。
1614年	大坂の陣にて、幕府方として上杉軍とともに活躍する。
1633年	江戸佐竹家屋敷にて死去。

1 名門ゆえの古い組織

佐竹家は現在の茨城県にあたる常陸国を本拠として北条家や伊達家などの勢力としのぎを削っており、義宣の父の佐竹義重の時代に戦国大名として勢力を拡大しました。武田信玄の甲斐武田家と同じ河内源氏の流れをくむ名門の家柄です。

父の義重は「鬼佐竹」と異名を持つほどの武勇に優れており、婚姻や調略などを駆使して所領や影響力の拡大を進め、会津の芦名家などと同盟を結び南奥州の勢力を傘下に収めて「奥州一

統」を成し遂げたと言われています。甥にあたる伊達政宗とは、南奥州の覇権を巡って、しばしば対立を繰り返していましたが、徐々に押し込まれるようになりました。

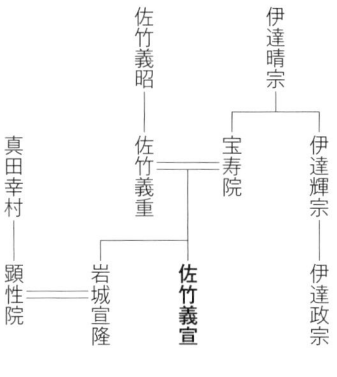

政宗が芦名家を摺上原（すりあげはら）の戦いで破り、南奥州の勢力が伊達方へ寝返ったことで、勢力図が大きく書き換えられました。関東をほぼ支配下に置いている北条家からの圧力も強くなり、佐竹家は北条家と伊達家に挟撃される形となり窮地に陥りました。このころに嫡男の義宣に家督を譲り、形式上の隠居をして院政を始めます。

しかし、院政には家督継承をスムーズにする利点もありますが、発言権が家中に残り続けるデメリットもあります。この院政に、義宣も悩まされることになります。義重は、以前より豊臣秀吉と誼を通じており、小田原征伐には、政宗と対峙していた義宣をわざわざ連れ出し、参陣して従属を決めました。一時的に南奥州の支配を放棄し、豊臣政権への対応を優先させる決

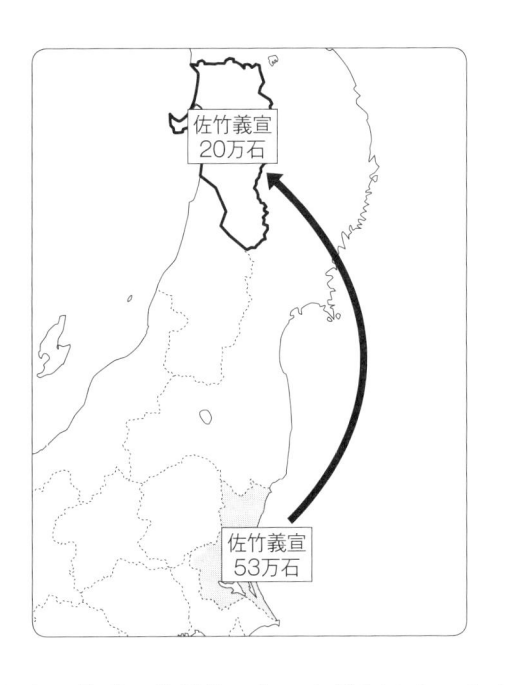

佐竹義宣と佐竹家（小田原征伐）

	強み	弱み
内部環境	●清和源氏の家柄 ●父義重の存在 ●上杉家との同盟 ●豊臣家との関係性	●豪族連合という古い体制 ●一門衆や家臣の発言権が強い ●**当主の権限が弱い**
	機会	脅威
外部環境	●豊臣政権の拡大 ●小田原征伐の開始	●豊臣政権からの忠勤の要求 ●**伊達家と北条家からの圧力** ●芦名家の崩壊

佐竹義宣
20万石

佐竹義宣
53万石

断をしました。義重の先見性で打った博打みたいなものです。
義重のこの行動と決断の早さが、その後の豊臣政権における佐
竹家の地位と伊達家の地位の違いに繋がります。

　佐竹家は、秀吉から小田原参陣の功などを認められ、常陸国

25万石の支配権の朱印状を手に入れました。逆に伊達家は、遅参の罪を問われて所領の減封を受けることになり、佐竹家は一気に勢力を回復できました。義重の大博打が成功しました。

政宗は、佐竹家と争っていた南奥羽滑津などから撤退させられ、芦名家から奪い取っていた会津も没収となり、大きく勢力を低下させられました。佐竹家も豊臣政権から常陸国の安堵をされましたが、完全に支配下にできたわけではありませんでした。書面上で支配が認められたというだけです。

このあとは、豊臣政権の巨大な力を背景とし、常陸国内で佐竹家に従わない国人層の討伐などを行い、実効支配を進めていきました。支配が安定してくると同時に、義宣に権限移譲を進めていきましたが、まだ義重はその影響力は強く残したままでした。

1590年から、義宣が豊臣家との対応のため上洛して不在にしている間に、義重は、江戸家が治めていた水戸城を攻め落とすなど、現役で活動を続けていました。外向きの活動を当主の義宣が担い、内向きの国内対応を義重が担う二頭体制のような形が続いていきます。

いまだに義重の発言力が残る体制のままで、義宣は佐竹家の舵取りをしていきます。

2 佐竹家に迫られる組織改革

小田原征伐のあと、義宣が家督を継いで、常陸国の統一を進めていくなかで、最重要課題は、当主権の強化でした。佐竹家も他の戦国大名と同じく、豪族連合体という古い組織体制のま

までした。

　与力衆や家臣たちの独立性が高いままのため、当主権力が相対的に弱くなり、家中を統制するうえでも不安定な構造です。同じ古い体制だった島津家では、当主代行の義弘の上洛に、家臣たちが嫌がって随行しないというサボタージュが発生していました。

　これでは、豊臣政権への充分な奉公ができない可能性があり、ひいては佐竹家の改易や減封などの処置を下されることもあります。佐竹家の安泰のために、組織改革は急ぐ必要がありました。1590年に、豊臣政権から安堵された知行割合を見る限り、佐竹義宣と一門で約50％、与力家来分で約49％と拮抗しており、いまだに当主権がぜい弱な古い豪族連合の体制のままなのがわかります。

　現代の株主総会に置き換えれば、社長だけでは過半数を満たせず、会長や取締役を含めて、ギリギリ過半数を超えることができるという不安定な状況でした。中小企業なら、絶対的安定として株式の３分の２を社長は確保するのがよいとされています。しかし、戦国大名のほとんどが、佐竹家と同じ状況にありました。義宣は、中央主権的な体制へと変更するために、与力家来分に含まれている大掾家などの国人衆の討伐を行います。

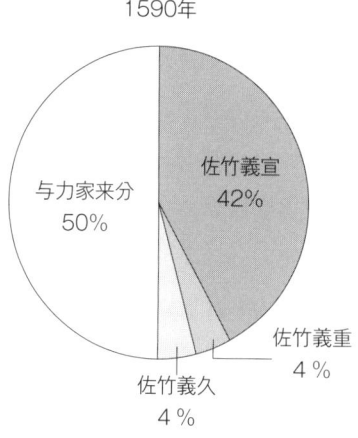

1590年

佐竹義宣	11万石
佐竹義重	1万石
佐竹義久	1万石
与力・家来・その他	12万9,000石

与力家来分
50%

佐竹義宣
42%

佐竹義重
4％

佐竹義久
4％

3 本格的な組織改革、検地コンサルの導入

　義宣は、佐竹家の発言力の強化を進めていきますが、やはり自力では限界がありました。懇意にしている石田三成などの介入による太閤検地を利用して、義宣にとって有利になるように比率を増加させていきます。

　検地の結果25万石から54万石に更新され、与力家来分は現状維持のままで、義宣や義重などの一門を大きく増加した朱印状を受け取ります。これは一種のまやかしで、計量方法の変更によって、実際は与力家来分が削られて、義宣や一門衆に振り分けをしているだけです。

　島津家での太閤検地も義弘の依頼を受けて、三成の主導の元で、島津家の当主権力の強化を図る処置を行っています。この豊臣政権の力を背景にした強引な手法で、やっと義宣や義重、義久で約68％、与力家来で約32％という比率になり、佐竹家に有利な体制になりました。

　検地コンサルの三成の協力を得て、佐竹家は、義宣や義重など一門衆の合計で過半数を超えることに成功しました。

　家中における義宣たちの主導権が確立され、近世大名への足がかりができました。しかし、義宣の割合とともに、義重と一門の佐竹義久も増加したことで、この2人と与力家来分で53%と過半数を占めるため、今度は「**義重と義久にキャスティングボード**」を握られた形になりました。以前よりも家中の統制力は前進しましたが、当主の義宣による独裁権までは認められない体制は維持されてしまいました。

　特に、一門衆の義久は、豊臣政権から渉外担当者とされ、佐竹家内での影響力を持つように仕組まれていました。義重と義久の存在感も増しており、義宣の当主権の強化としては、まだ中途半端な状態でした。これが関ヶ原の戦いでの佐竹家の動向に大きく影響します。

佐竹義宣	25万石
佐竹義重	5万石
佐竹義久	6万石
与力・家来・その他	16万9,000石

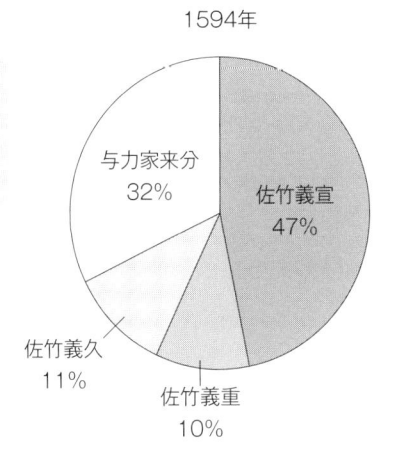

1594年

与力家来分 32%

佐竹義宣 47%

佐竹義久 11%

佐竹義重 10%

関ヶ原の戦いでの謎の行動

　関ヶ原の戦いの謎の１つとして、佐竹家がほとんど動かなかったことが挙げられます。かつて義宣は、与力の宇都宮家改易の件に絡んで、佐竹家も改易になりそうな危機的状況を、石田三成のとりなしによって脱していました。また、佐竹家家中の統制力強化のための太閤検地でもかなり世話になっていました。義宣は三成には数々の恩を受けておりました。

　ちなみに、三成は外様大名の取次も担当していたので、佐竹家や島津家以外にも、このような便宜を図ることも多かったようで、関ヶ原の戦いで三成派に外様大名が多く参加しているのはそのためです。

　義宣は、三成や上杉家などと懇意にしていることもあり、西軍として上杉家、真田家と歩調を合わせて、家康に対抗する密約を結んでいたと言われています。そして、関ヶ原の戦いの前夜に起こった家康主導による上杉討伐軍から離脱して本拠の水戸城へ帰還しました。

　しかし、水戸城に戻ったものの、父義重、義久や一門および家臣の多くが、三成派への加担に反対したため、義宣は身動きが取れなくなってしまいました。家康が次の天下を取ると考える義重は、当主である義宣の行動に強硬に反対をして、家康派への参加を主張しました。いままで先見性でもって佐竹家を先導してきた義重の意見は重たく義宣に圧しかかります。

　これまで、積極的に与力家来の力を弱めて、佐竹家の主導権強化を図ってきましたが、義重や義久の影響力を抑えるところまではまだ着手できていませんでした。

佐竹義宣と佐竹家（関ヶ原の戦い前）

	強み	弱み
内部環境	●清和源氏の家柄 ●上杉家との関係性 ●石田三成との関係性	●一門衆や家臣の発言権が強い ●当主の権限が弱い ●父義重の発言力
	機会	脅威
外部環境	●毛利、上杉、宇喜多の提携 ●豊臣政権の奉行衆の連携	●徳川家の勢力拡大 ●豊臣秀吉の死 ●政権内の派閥争いの激化

　家中のパワーバランス的にも、義重の影響力は強く、義宣の単独での行動は厳しい体制でした。

　佐竹家は、この歴史的に重要な分岐点において、親子の意見対立により、家中の意志統一がままならず、兵を動かすことができなくなりました。ついに関ヶ原の戦いで、佐竹家は何もできず、歴史に名を残せませんでした。このとき、もし、佐竹家が西軍として旗幟を鮮明にしていれば、伊達家と徳川家と接している立地条件や、57万石、与力を合わせると80万石近くの動員力を考えると東軍勢力への牽制効果は高く、その後の結果は変わっていたかもしれません。上杉家と合わせれば200万石の動員力となります。しかも、家康の本拠を狙える位置にいただけにもったいないように見えます。

　義宣は、東西どちらの軍とも一戦も交えること無く、本領安堵のために、家康へ謝罪をしなければならないという状況に追い込まれました。家康からは「今の世に佐竹義宣ほどの律儀な者はみたことがない」「しかし、あまり律儀すぎても困る」と皮肉とも取れる言葉を残されています。義宣としては、非常に苦々しい思いだったでしょう。

　秋田への転封を利用して組織改革

　1602年、常陸54万石から秋田20万石への転封を言い渡されました。最悪の改易だけは逃れましたが、本領安堵とはほど遠い内容でした。

　与力を合わせて実質80万石だった大所帯からすると、4分の1へ減封されたうえに雪深い秋田へ転封というのは、かなり厳しい処分です。

　しかし、義宣は、この転封を利用して、念願であった佐竹家の組織改革を実行していきます。

　義宣は、領地の大幅な縮小に伴って100石以下の小身の家臣は解雇し、人員の削減を行いました。秋田に着いてくる譜代家臣たちの知行は、多い者で10分の1に削るなど、20万石に見合うよう財政の正常化に努めました。さらに、一門衆の知行も大きく減少させて、その発言力を低下させ当主権力の強化を進めました。合わせて「**父義重の発言力の低下**」も行いました。義重を反佐竹一揆対策という名目で、秋田藩の南部に居を構えさせて距離を取ります。

　また、新しい本城を決めるときにも、義重が自身の所領の近くの横手城を本城とする案を出してきましたが、それを却下し、本城を60キロ離れた海沿いの久保田城（秋田城）にすることで押し切るなど、指示命令系統の一本化を確立させました。

　家老などの重要な職については、家柄ではなく能力重視で判断し、改易された大名の遺臣たちのなかからも積極的に登用して、組織改革および行政能力の向上を図りました。これは、義重時代からの人事的しがらみを排除して、組織を活性化するこ

とが狙いでもあります。新たに登用された渋江政光や梅津政景は、秋田藩の家老へ昇進し、義宣時代の内政を取り仕切りました。彼らの主導の元、石高減少による苦しい財政を救うために、新田開発による米の生産量の拡大や、鉱山や林業による収入源の確保を積極的に行いました。

義宣の新規登用の家臣

渋江政光	小山家の元家臣
梅津憲忠	宇都宮家の元家臣筋
梅津政景	宇都宮家の元家臣筋
須田盛秀	二階堂家の元家臣

　一方で、義宣は人材登用に反対する譜代家臣たちを厳しく処分し、組織改革を断行していきます。

　佐竹家は、転封を機会にして、室町時代から続く豪族連合体的な組織から、中央集権的な近世大名へと進化を遂げていきます。しかし、20万石にまで減らされた財政は非常に厳しく、代々、財政難に付きまとわれ続けていくことになります。

　徳川幕府による支配が確定してきたことで、名誉挽回する大きな戦も無くなるかと思われたころに、大阪の陣が勃発します。義宣は、関ヶ原の戦いでの不戦の屈辱を晴らすかのように、大阪冬の陣では戦況に大きな影響を与えた今福の戦いで、大きな戦功を挙げました。ここで同じ東北勢として、かつての同盟国の上杉家と共同して戦ったのは歴史として面白い点です。この戦いでの功績が評価されて、将軍の徳川秀忠から感状が佐竹家の家臣たちに送られ、ようやく武門としての面目躍如を果たし

佐竹義宣と佐竹家 （秋田転封後1614年ごろ）		
内部環境	**強み**	**弱み**
	● 清和源氏の家柄	● 石高減少による財政難
	● **当主権限の強化**	● 過剰な家臣数
	● **新規登用人材**	● 後継者がいない
外部環境	**機会**	**脅威**
	● 大阪の陣の勃発	● 徳川家による支配の確定

ます。

まとめ

　現代でも、佐竹家のように、先代の会長と、現社長で、経営方針についての意見が分かれてしまい、事業などが行き詰まることはよくあります。スムーズな事業承継のために、いわゆる先代が院政を敷くパターンでよく起こります。確かに、先代の実績や先見性は貴重なもので、そのおかげで現在まで会社が存続できています。

　しかし、いつまでも先代が院政を敷いていると企業も停滞感を強めていきますし、後継者も組織内で軽んじられてしまい、今後の事業運営に支障をきたします。また、後継者の経営にかけるモチベーションも下がります。できれば、あらかじめ5年や10年などの期限を設けて完全な権限移譲を行うのが理想的です。後継者が失敗をしても、それは経営者としてのレベルアップの糧となります。

　佐竹家の場合は、知行地の割合から見ても、古い豪族連合体のような合議制が残る体制のため、義宣の独断だけで動けない

ような仕組みになっていました。そのような体制のなか、常陸統一の足掛かりを作り、佐竹家を戦国大名へと高めた義重の意見は譜代家臣たちに取っては無視できないものです。

　現代でも、創業者である先代の意見によって会議の流れが代わり、決定事項がひっくり返されることはよくあります。ただ、結果として関ヶ原の戦いでどちらにも加担しないで、最後まで動かなかったのは、戦略としては失敗でした。佐竹家のような決定権が均衡してしまうような状態は、避けるべきです。

　特に、変化の激しい環境においては、停滞した時間分だけ不利な状況に追い込まれます。他者の意見は聴いても、誰かが決定して行動できる権限を有するようにしておくべきです。

　それを佐竹家の例が物語っています。

この章のまとめ

（1）意思決定権の無いリーダーの苦悩

　島津家というと、戦国時代では「鬼島津」と恐れられたイメージや、「島津の退き口」で少数の兵での敵中突破のイメージ、また幕末では寺田屋騒動のような当主を中心にした組織的な行動を重んじる組織体だと思われがちですが、元々は、当主権の弱い組織体でした。

　最上家においては、創業者の義光が生きている間は、問題が目立ちませんでしたが、後継者が継いだ後から、当主権の弱さが目立ち、お家騒動へと発展してしまいます。

　佐竹家も同様に、当主権が弱い体制だったため、関ヶ原の戦いで家中の反対を受けてしまい、三成にも家康にもつかない曖昧な態度を取ってしまいました。島津家、最上家、佐竹家の三家は、家柄も古く伝統もあるためか、その組織体制も古い豪族の連合体のようなものでした。重要な事項においては、合議制によって決められることもあり、有力な家臣の意見に左右されることも多くありました。

　家臣の多くはそれぞれが独立した領主であるため、当主に絶対服従の関係ではありません。その大きな原因は、家臣たちが自分の領地を自分たちで運営し、強い結びつきを持っていた点です。江戸時代になると、多くの藩では藩の行政機関により、ほとんどの領地は管理運営されて、給与のような形で米を支給されるようになります。家臣と領地の切り離しが行われて、その独立性を喪失させて中央集権化を行い当主権力の強化を進めていきました。

三家の状況の違い

	出自	二代目藩主の享年	三代目藩主の享年	藩の存続
島津家	鎌倉幕府の御家人	忠恒62歳	光久79歳	明治2年（1869年）
最上家	鎌倉幕府の御家人	家親38歳	義俊27歳	寛永9年（1632年）
佐竹家	鎌倉幕府の御家人	義隆63歳	義処65歳	明治2年（1869年）

（2）コンサルを活用し組織改革に挑んだ島津家と佐竹家

　当主権力の弱さを痛感していた島津家と佐竹家は、懇意にしている石田三成を通じて豊臣政権による太閤検地を行ってもらいました。そのときに、当主の知行地を実質的に増加させてもらうことで当主権の強化を図っています。両家ともに、検地に伴って家臣の領地替えを行って、家臣と土地の切り離しを進めています。最上家については、関ヶ原の戦いを経て領地の急激な拡大もあり、一門衆や家臣たちに大きく加増をしたことで、最上家の知行地は全体の35％にとどまり、最上家内での当主権は弱いままになってしまいました。

　島津家と佐竹家の二家と最上家を分けたのは、問題を認識した段階で組織改革に着手をして、自分の代においてある程度の目途を付けておいた点です。最上義光は、長男義康の事件で問題を認識していたものの次の世代へと先送りしてしまいました。そこが大きな違いです。

（3）問題点に気付いた経営者がすべきこと

　島津家や佐竹家は、石田三成の助言や指導を受けて古い組織の改革に力を入れて、当主権の強化を図りました。逆に、現代の経営コンサルタントのように外部の力を借りなければ、古く

伝統ある組織ほど改革は難しいということを表しています。

　現代でも、社風や組織風土として根付いているものを変えるのは、社員たちからの反発や抵抗も起こり得るため、非常に困難が伴います。その場合、経営者だけの力では難しい場面も多いので、外部の専門家の知見を利用することは正しい選択です。

　悪役を外部の専門化に担ってもらうことで、改革がスムーズに行く場合もあります。石田三成は自らその役目を担っていたと思われます。

　経営者は、組織的な弱さを認識して時点で先送りすることなく、自分の手で改革に着手していくことが重要で、それが組織の永続性に繋がっていきます。問題の先送りは後継者を苦しめることになるだけです。この三家の事例は、先送りしない対応の重要性を示してくれています。

第4章

戦国武将たちの生存戦略

「小勢力の
独自戦略の
成功と失敗」

1 柳生宗矩

なぜ、一介の浪人が将軍の剣術指南役になれたのか？

柳生宗矩は、父の代で所領を没収となり浪人として苦しい時期を過ごしていました。しかし、徳川家への仕官を契機に、将軍家の兵法指南役や大目付を経て、最終的には大名に列するまでに出世できました。

なぜ、地方の一剣術家が、1万石の大名になれたのでしょうか？

柳生宗矩 年表

1571年	柳生石舟斎の五男として誕生。
1594年	父の無刀取り披露をきっかけに、徳川家に200石で仕官する。
1600年	関ヶ原の戦いで戦功をあげ、柳生庄2,000石を回復する。
1601年	徳川秀忠の兵法指南役となり、1,000石を加増される。
1616年	坂崎事件を処理し、評価を高める。
1621年	徳川家光の兵法指南役となる。
1632年	幕府の大目付となり、3,000石を加増される。
1636年	4,000石を加増され、合計1万石となり大名に列する。
1646年	江戸柳生家屋敷にて死去。

1 柳生家の凋落

柳生家は、現在の奈良市の柳生地区を本拠とする小さな国人領主でした。柳生というと隻眼の剣士柳生十兵衛こと柳生三厳が有名です。十兵衛は、小説や映画、ドラマ、漫画、ゲームなどにも柳生新陰流の達人として登場しますが、この柳生新陰流を江戸時代に世に広めたのが、柳生藩初代藩主となる父の柳生

宗矩です。

　柳生家の出自については詳細な記録がないため不明な点が多いのですが、松永久秀が大和を支配したころに、宗矩の父柳生石舟斎が仕官したのが歴史に登場するきっかけとなります。元々、柳生家は剣術とは関係の無い普通の地方豪族でした。1565年に石舟斎が剣豪の上泉信綱から新陰流の印可状をもらい、新影流目録を与えられました。柳生家は、ここで剣術という技能を習得したことで、他の国人領主や豪族にはない差別化の要素を手に入れました。

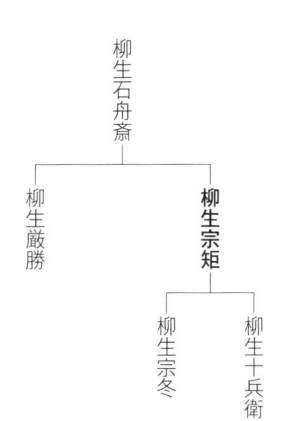

柳生石舟斎
├─ 柳生厳勝
└─ 柳生宗矩
　　├─ 柳生宗冬
　　└─ 柳生十兵衛

　しばらくは、松永久秀の与力として活動を続けていましたが、久秀が織田信長に対し謀反を起こして滅ぼされると、新たに筒井家に従ったのか、しばらくの間は表立った行動が歴史上では見えなくなります。

　しかし、その間も印可状や目録を発給しているので、各地で

の剣術指南は続けていたようです。

　信長が本能寺の変で倒れ、秀吉が台頭し、柳生家を取り巻く環境も大きく変わります。

　豊臣政権により、大和の支配者が筒井家から豊臣秀長になると、石舟斎は柳生の里を没収され、柳生家は生活にも困窮するようになりました。隠田がばれたなどの何らかのトラブルがあったようですが、この辺りも詳細は不明です。単純に豊臣政権から利用価値がないと判断されたのかもしれません。

2 剣術家として活路を見出す

　領地を失い浪人となった石舟斎が、各地で剣術の指南をして生計を立てていたところ、旧知の黒田長政の紹介で、徳川家康に剣術を披露する機会を得ました。家康と言えば、豊臣政権でも200万石以上を有する大大名なので、苦しい現状を打開する大きなチャンスです。

　そこで、石舟斎は新陰流の「**無刀取り**」という、素手で相手の刀を奪う技を家康に披露し、家康から小身ながらも200石での仕官が決まりました。石舟斎は、自分の代わりに若い五男の

柳生石舟斎と柳生家（徳川家仕官前）

	強み	弱み
内部環境	●新陰流の印可、目録 ●有能な息子たち ●諸大名とのネットワーク	●無禄による経済的困窮
	機会	脅威
外部環境	●戦乱のため剣術への関心 ●文禄慶長の役	●豊臣政権の存在

宗矩を推薦し、宗矩の徳川家家臣としての人生がここからスタートしました。柳生家は、新陰流という剣術に特化し、技術を磨いていたことで、口コミでその価値を見出され、家康の目に止まり侍身分に戻ることができました。

　当時はまだ剣術や槍術、馬術など武術全般への関心が高かったこともあり、新陰流への興味や期待も大きかったようです。この時期、石舟斎は各大名家からも教えを求められており、毛利輝元など他の大名にも指導をしています。

　石舟斎は、他大名との関係性をはばかって、徳川家には宗矩を代わりに仕官させたと言われています。旗本として仕官した宗矩は、剣術という技能をベースにして、秀忠や家光から高い評価を獲得し、のちに1万石未満の身分ながら大名たちに強い影響力を及ぼす存在へとなっていきます。

3 剣術以外の才能も発揮し評価を高める

　1600年に関ヶ原の戦いが起きると、宗矩は徳川方として、現在の奈良県である大和地方の調略を担当し、大阪の三成派を牽制する活動を成功させました。

関ヶ原の戦いの本戦においても、家康の本陣に参加していま
す。それらの功績により、柳生の庄2,000石を給され、一気に
徳川家の大身の旗本となりました。この時点で、すでに高い評
価を受けています。

　宗矩は、関ヶ原の戦いでの活躍によって二代将軍徳川秀忠個
人の兵法指南役に就任し、さらに1,000石加増を受けて合計
3,000石になりました。このころから柳生新陰流は一躍、日の
目を見ることになります。

　1615年の大阪夏の陣では、秀忠の側で身辺警護を務め、数名
の敵を倒す武功を挙げました。この大阪夏の陣に関連する1616
年の坂崎事件でも被害を最小限に抑える処置を行うなどの仕事
ぶりを見せます。このとき、宗矩がこの事件において、政治的
なトラブルの処理能力を発揮したことで、行政官としても期待
が高まり、そのあとの躍進に繋がりました。

　宗矩が重きをなしていく一方で、同じ兵法指南役の小野忠明
は、大阪の陣に参加したものの、1616年に同僚とのトラブルに
巻き込まれて閉門の処分を受けてしまいました。その後、小野
家は忠明以降も800石の旗本として存続しましたが、３代将軍
家光の時からは兵法指南役ではなくなりました。宗矩は、剣術
の実力だけではなく、政治的な対応力で、ライバルや他の剣術
との差別化に成功しました。ただ、その評価の高さについては、
宗矩自身の人間性への評価も大きかったようです。

4 家光との関係性と官吏としての才能

　三代将軍家光の時代になるとさらに評価が高まります。宗矩

は幼少のころより家光に剣術を指導していた関係で厚い信任を得ていました。それは、家光の小姓上がりの松平信綱や、家光の乳母であった春日局らと肩をならべて、家光を支える鼎と言われほどでした。

　宗矩は、親兄弟との縁が薄い家光を支える身内のような存在だったと思われます。そして、1632年に、家光より3,000石の加増を受けて合計6,000石の大身旗本となり、初代の大目付（惣目付）という重職に就任しました。5,000石以上の者は、大番頭や書院番頭など重要な役職に付くことができる格式で、全体で100名ほどしかいませんでした。一介の剣術家としては大きな出世です。

　大目付は、大名や朝廷などの動向を監視・監察する幕府の重要な役職で、兵法指南役と同様にこちらも大役です。この役職が与える影響は大きく、伊達家や毛利家、細川家、鍋島家などの外様大名との関係が深くなり、各大名とのネットワークが強化されました。剣士としての能力だけでなく、官僚としての処理能力も高かったため、道中修造奉行や普請奉行など他の職務もこなし、幕府内における宗矩の評価はさらに高くなりました。気が付くと、宗矩は将軍の兵法指南役という家庭教師のような立場から、幕府内でも重きをなす存在になりました。それは、行政のトップである老中たちからも恐れられるほどでした。宗矩の大幅な出世には、剣術に加えて、その官吏としての才能も大きく影響しているのがわかります。

　しかし、大阪の陣が終わり、戦乱の無い平和な時代の訪れを感じていた宗矩は、戦のための剣術が時代にそぐわないものに

なることを予感し、剣術を通して人間性を高める武道への転換を図ります。1632年に「**兵法家伝書**」という著作を生み、さらに他の剣術の流派や武術との差別化を行います。この発想こそが、宗矩の先見性の高さを表しています。

5 剣術に付加価値を加えて差別化を図る

　兵法家伝書は、宮本武蔵が残した「五輪書」とともに、代表的な武道書として現代でも知られています。この書は征夷大将軍として、大名や家臣を統率する者としての心構えを、三代将軍家光に説くための書物として考案されました。戦場において、いかに1対1で敵を倒すかという剣の技術ではなく、平和な時代で国をいかに治めるかというトップに立つ者としての心構えを説く内容です。将軍として家光が、安定した治世を維持していくための参考書となるものでした。まさに家庭教師のように成長を見守ってきた宗矩が、家光に伝授すべき集大成とも言える作品です。

　また宗矩は、乱世も終わり、安定した幕藩体制が出来上がりつつあるなかで、敵を倒すための技術でしかない剣術の将来性に疑問を持ったと思われます。いままでの新陰流に精神性という付加価値を加えて、平和な世の中でも習得されるべき武道へと昇華させようと試みました。それまでの殺人のための武術に、思想性や精神性を加えて、人を成長させるための武道へと昇華させるきっかけとなります。ここで、小説や漫画によく登場する有名な沢庵和尚との共同作業つまりコラボレーションを行います。

6　沢庵の協力を得て武術を武道へと昇華させる

　沢庵は、臨済宗の禅僧として、当時では随一の人物として、貴族や大名に慕われていました。名誉や利益を求めない姿勢を貫くため、さらに評価を高めていました。

　石田三成の佐和山内の寺院にて過ごした縁を大事にし、三成の遺体を引き取って手厚く葬りました。その経緯から家康派の豊臣恩顧の大名を嫌ったとも言われています。細川忠興や黒田長政、浅野幸長などの誘いを断るなど徹底していました。世に出ることを嫌っていた沢庵は、紫衣事件が起こるまで、三成派だった小出吉英の元で隠棲して過ごしていました。

　このような名誉を求めない古武士然とした姿勢が、後に家光に気に入られることになります。宗矩は、かねてから親しい沢庵に、剣と禅の世界の一致性について「不動智神妙録」という書物にまとめて理論化してもらいます。現代の基礎研究のようなものです。

　沢庵は、宗矩の要望に沿って、仏法や禅のなかから、剣に通じる「**無明住地煩悩**」「**諸仏不動智**」など、囚われない心の有り方を中心に考えをまとめています。これを元に、新陰流から宗矩独自の「**柳生新陰流**」へと発展させていくために、「**兵法家伝書**」という思想性の強い兵法書を作り上げました。

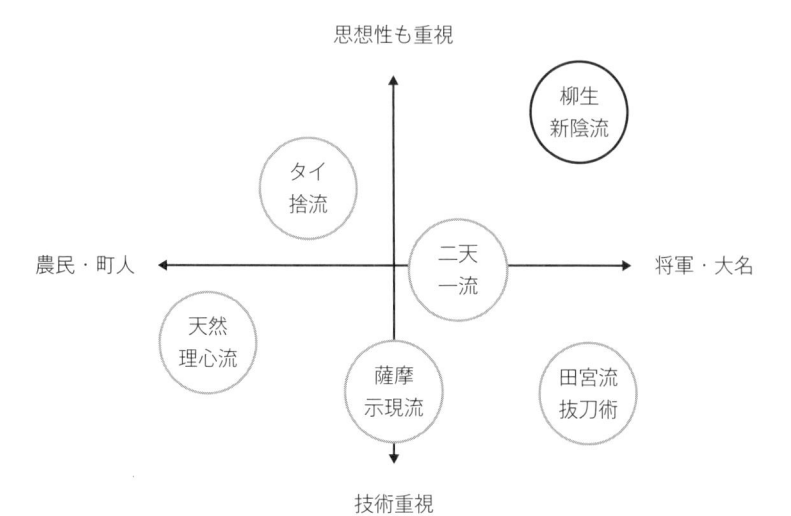

思想性も重視

農民・町人 ←　　　　　　　　　　　　　　　　　　→ 将軍・大名

技術重視

柳生新陰流

タイ捨流

二天一流

天然理心流

薩摩示現流

田宮流抜刀術

　「兵法家伝書」は、「**進履橋**」「**殺人刀**」「**活人剣**」の３部構成となっており、宗矩自身の考えを理論化・体系化を試みています。宗矩は、これまでの剣で戦う技術や戦法だけでなく、心の有り方までを説くことで、他の剣術の教えとの差別化に成功しました。これにより、現代の様々な武道に影響を及ぼす思想となりました。現在では、ほぼ同時代の宮本武蔵の「五輪書」とともに、武道精神を表す書としてならび評されています。

　「兵法家伝書」にまとめたことで、将としての心構えなど将軍家の教育に相応しい帝王学の要素を含むようになり、柳生家は代々の将軍の兵法指南役を仰せつかうことになります。

　柳生宗冬は、四代将軍家綱と五代将軍綱吉の兵法指南役となり、柳生俊則は十一代将軍家斉の兵法指南役となっていることが記録に残っています。

　浪人だった石舟斎が剣術というニッチな市場に参入し、宗矩

がそこに付加価値として禅を踏まえた思想性を加味して、武道という新しい市場を生み出しました。その結果、柳生家の当主は代々兵法指南役を担い、幕末まで剣術界でトップの地位を維持できました。

7 そして、一介の剣術家から大名へ

親藩や譜代、外様を問わず大名家の多くが、将軍家との繋がりが強い宗矩との関係性を強めるため、柳生新陰流の門弟たちを指南役として自国に招きます。

柳生家の門弟を招いた大名家

御三家・親藩	紀州藩徳川家
	水戸藩徳川家
	高田藩松平家
	福井藩松平家
	会津藩松平家
	松山藩久松家
譜代	古河藩土井家
	厩橋藩酒井家
	高取藩上村家
	淀藩石川家
	岸和田藩岡部家
外様	熊本藩細川家
	津藩藤堂家
	柳川藩立花家
	萩藩毛利家
	徳島藩蜂須賀家
	加賀藩前田家
	久留米藩有馬家
	土佐藩山内家

柳生宗矩と柳生家（柳生藩成立後）

	強み	弱み
内部環境	●柳生新陰流の印可、目録 ●**将軍家光からの信頼** ●有能な門弟たち ●**諸大名とのネットワーク**	●尾張柳生家との確執 ●後継者問題
	機会	脅威
外部環境	●**精神鍛錬としての剣術への関心** ●武断政治から文治政治へ	●乱世の終結

　ここで宗矩を中心にした柳生新陰流のネットワークが形成され、柳生家を通じた情報網ができたことで、さらに幕政における柳生新陰流の重要性が増しました。各地の大名などの動向を内部から知ることができるため貴重な情報源としても重宝されました。逆に大名たちもそれを利用して幕府の意向を探る伝手にしました。

　また、宗矩との繋がりを作ったことで、鍋島家や細川家、毛利家などは、家中のトラブルの際にかなり助けられました。例えば、毛利家は、一門衆の毛利秀元が本家から独立した大名となるために、幕府へ働きかけを強めている件を、宗矩が内部で防いで助けられています。

　鍋島家は、島原の乱での抜け駆けの罪を問われたときに助力を得ています。このような付加価値によって大名家から柳生の兵法の需要が高まり、逆に幕府内での柳生家の重要性も高まるという相乗効果も生まれました。大名家と幕府間を橋渡しする情報ネットワークを構築したことで、他の流派では太刀打ちできないレベルにまで差別化が進みました。

　そして、1636年にはこれまでの功績により、4,000石の加増

を受けて、ついに1万石の大名に列することになりました。ついに、一介の浪人の剣士から大名へと上り詰めました。石高だけで言えば、名門の戦国大名家の今川家、武田家などの高家より上で、北条家とほぼ同格です。しかも、官位は1万石の身分でありながら、国持大名とほぼ独格の従四位下が死後に送られました。家格から考えても、相当な信頼と評価を受けていたことがわかります。特に、家光との関係性は、終生、家庭教師と生徒、もしくは師弟関係のように強固なものでした。家光は、宗矩亡き後、「天下の統治の方法はすべて宗矩から学んだ」と語り、何かあると「宗矩が生きていたら、このことを相談するのに」と言うほどでした。

まとめ

　宗矩は父の石舟斎が学んだ新陰流という剣術に、禅の思想を取り入れ、理論化することで、精神を鍛錬する武道へと昇華させました。これによって、あまたある流派と差別化され、徳川将軍家が唯一学ぶ兵法とされ、江戸時代に柳生新陰流は繁栄しました。

　関ヶ原の戦いのころには、所領を失い小勢力となっていた柳生家でしたが、石舟斎が剣術に特化したことをきっかけに、宗矩による差別化が実り、1万石クラスの大名として明治維新を迎えることができました。

　現代であれば、戦国時代末期の柳生家は、中小企業のなかでも、小規模の個人事業主に近いような存在でした。そこから、自社商品を差別化し、さらに付加価値を加えて、一種のブラン

ド化に成功し、大口の徳川家と契約を結び他社を寄せ付けない中堅企業となりました。当時、柳生新陰流の印可を持つということは、大名のなかでも、ある種のステータスになりました。そのため、将軍の兵法指南役の宗矩は難しくても、その門弟を招いて学びたいというニーズが生まれて、柳生新陰流の認知はさらに全国に広がりました。

現在のフランチャイズシステムやのれん分けのような形で、各地に散らばった門弟たちが宗矩の教えを広めていきました。そこで、また柳生新陰流のファンを増やしていきます。

中小企業は大企業と比べると、人やモノ、カネなど資産に限界がありますので、同じ市場で真っ向勝負すると、会社としての体力が持ちません。できる限り商品やサービスを絞って、ニッチな市場に特化し、他社との差別化を図ることが大事です。そして、自社の商品やサービスのファンを増やしていくことで、ブランド化が進み、市場での存在感がゆるぎないものになっていきます。現代の中小企業の生き残る方法を、約400年前の柳生家の者たちが実例を持って教えてくれています。

② 千利休

なぜ、一介の商人が天下一の茶人になれたのか？

千利休は、堺の商人から、織田信長の茶頭の1人となり、豊臣政権では茶頭としてわび茶を完成の域にまで高めました。しかし、罪を得て切腹させられ利休自身は否定されたものの、利休のわび茶はその後も大名や武士に広まり続けました

なぜ、江戸時代を経て、利休のわび茶は受け継がれたのでしょうか？

千利休 年表

1522年	田中與兵衞の子として誕生。
1541年	父が死去。家業を継ぐ。
1544年	記録上での最初の茶会を開く。
1569年	今井宗久、津田宗及とともに、織田信長の茶頭となる。
1582年	本能寺の変後、秀吉の茶頭となる。
1585年	居士号「利休」を勅賜される。
1591年	秀吉から罪を問われ切腹する。
1595年	千家の再興が許される。弟子や家族がわび茶を広める。

1 織田信長による御茶湯御政道

日本に、お茶が伝わったのは奈良時代とも言われていますが、本格的に飲まれるようになったのは、茶の栽培が増えた鎌倉時代の後期ごろです。茶の湯の文化は、室町時代に入ってから武士や庶民の間でも盛んになり、八代将軍の足利義政の時代には、村田珠光の手により、亭主と客の交流を嗜む「**わび茶**」の源流が生まれました。

摂津

河内

和泉

　このわび茶が、京や堺の商人たちによって完成の域に達し、現代の茶道へと繋がっていきます。この新進気鋭の文化である茶の湯を、政治的に活用したのが織田信長でした。戦国時代の堺は、イエズス会の宣教師から「**東洋のベニス**」と紹介されたように、商人たちが合議制で運営する自治都市として、また国際的な貿易港として繁栄していました。

　信長は、堺の国際港としての都市機能や海外とのネットワーク、商人たちの財政管理能力、茶の湯という先進的文化に目を付け、圧倒的な武力を背景に自国の支配下に取り込みました。堺は朝廷のある京都にも近いという地理的条件に加え、鉄砲の生産も行っていたため、信長の天下布武にとっては非常に重要な拠点となります。信長は、商人たちには自由な商業活動を許しながらも、家臣の松井友閑を代官にして間接的に支配し、有能な商人たちを織田政権の財政担当者として採用していきました。現代の重要な経営資源と言われるヒト（商人）、モノ（鉄砲）、カネ（矢銭）、情報（海外）を堺から吸収していきます。

　さらに、織田政権では堺の文化となっていた茶の湯を家臣への報酬に利用します。茶会の開催権や茶器を褒美とすることで、領地や金銭以外の報酬制度を創りました。茶の湯に精通した商

人たちを、茶の湯の管理者として茶頭に就任させていきました。茶頭には、今井宗久、津田宗及、千利休（宗易）ら有力な商人が選ばれ、今井宗久が特に信長から重用され、織田政権の経済官僚の役割も担いました。

　信長の家臣たちは、先進的な文化である茶の湯に魅了され、関東方面の軍団長であった滝川一益は、戦の報酬として望みの茶器を貰えず、代わりに領地を与えられたことを非常に悲しんだという逸話が残るほどでした。

　茶の湯は、信長の手で政治的に利用されたことで、武将たちの間でも身に着けておくべき教養として広く浸透していきます。また、戦国武将たちの承認欲求を満たすもの、他者との交流を深めるものとしても愛されます。現代であれば、名門ゴルフ場の会員となり、自身でコンペを主催する等が、戦国時代の茶会の主催に近いかもしれません。接待という意味でも近かそうです。この茶の湯の世界で、多くのファンを生み出したのが千利休です。

2 　堺で財力と名声を蓄える

　利休は、若くして父と祖父を続けて失い、魚屋もしくは倉庫業とも言われている家業を継ぎました。継いだ当初は非常に厳しい状況だったようですが、家業を軌道に乗せることに成功し、後々に、堺の会合衆に選ばれるまでに発展させました。会合衆とは、自治都市である堺の運営方針などを話し合って決める代表者たちのことですので、選ばれるには実績や人望が必要でした。

利休は、17歳のころに茶の湯を学び、度々、客を招いて茶会を催して、その技術を磨いていき、その名が知られるようになります。当初は、畿内を支配していた三好家と繋がりをもって、財力を蓄えてと言われています。このころには、戦国武将への茶器の売買もすでに行っていました。

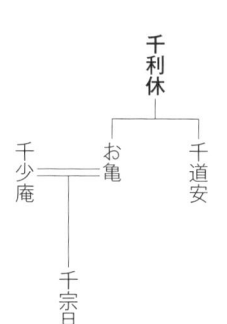

　織田信長が畿内に進出してきて、堺へ接触を始めたころには、茶の湯の世界でも有名な存在となっており、今井宗久、津田宗及とともに織田家の茶頭に選ばれました。ただし、織田政権時代は、今井宗久の方が評価は高かったようで、宗久は織田家の代官として堺の管理だけでなく、銀山などの他の織田家領も任されていました。織田政権内では、後年のような熱烈なファンを形成するまでには至っていませんでした。

3　豊臣秀吉によって重用される

　織田政権のころは、堺を代表する商人と茶人は今井宗久が担っていました。しかし、1582年の本能寺の変で信長が斃され、

豊臣秀吉が権力を握ると、宗久の代わりに、利休が政治面でも茶の湯の面でも重用されるようになります。

　これは、秀吉が、織田政権の後継者として、茶の湯の文化や制度を継承しつつも、信長の時代とは違うことを暗に示す目的もあったのでしょう。しかも、豊臣政権内での利休の地位は、かつての宗久の経済官僚的な地位よりも、さらに高く重要なポジションを占めるようになります。茶の湯を介して大名や武将の取次を行う秘書官のような役割を担うようになりました。

　また、この秀吉の利休への信任の裏側には、秀吉の弟の豊臣秀長が影響していました。秀長は、政治家としての利休の能力を非常に高く評価しており、「困りごとは秀長と利休に相談すれば、何も心配がないから安心せよ」と、豊後から上洛してきた大友宗麟に伝えるほどでした。つまり、豊臣政権は秀長と利休の２人が支えている、と外部に公言しているのと同じです。２人の関係性は緊密だったようで、秀長も利休から茶の湯を習っており、手紙で茶器の手配や購入を相談するほど親しい交流がありました。

　秀吉の場合は、信長と同様に政権運営のために茶の湯を使うことを考えて利休を重用していた節がありますが、ナンバー２の秀長は、利休という茶人のファンという面も強かったかもしれません。

　初期の豊臣政権は、利休と秀長の２人が両輪となり、表と裏を分担して運営されていました。また、利休は、秀吉の母の大政所や妻の北政所からも信頼を得ており、後継者候補の秀次の茶の湯の指南をするなど、豊臣家の家宰のような立場だったと

千利休と千家（秀長生前）

	強み	弱み
内部環境	●豊臣秀長からの信任 ●豊臣政権での地位 ●**茶の湯を通じたファンの多さ** ●茶人の目利き力と名声、実力	●商人、茶人である ●武功がない ●政治基盤が不安定である
	機会	脅威
外部環境	●**武家、商人内での茶の湯の流行** ●豊臣政権の拡大	●代替できる存在たちの成長

も言えます。茶の湯を通して、豊臣家のなかにまで深く入り込んでいるようでした。

4 豊臣政権内でのファンの増加

　利休の凄さは、長年培ってきた茶の湯の知識や技術だけでなく、わび茶を自分の力でもう一段上の高みへ引き上げようという信念に溢れている点です。

　それに関連する逸話は多く残されており、弟子へ**「亭主は客人を敬い、名人と思いなさい」「客人は、一期一会と思って亭主を敬いなさい」「上のものを粗末に扱い、下のものを丁寧に接するぐらいがちょうどよい」**と伝えています。

　茶の湯の前では皆平等であるとしており、また「世間話などの雑談をしない」と普段の雑事や雑念から離れることをすすめています。利休は茶の湯を通して、禅僧のような求道者の域を目指していたことが見えてきます。また、自らの手で、いままでの茶の湯の常識を破ろうとしていました。

　それまで、中国から仕入れる唐物と言われる輸入品の茶器がすばらしいとされ、商人や武将の間では高値で取引されてきま

した。逆に、利休は高麗茶碗、瀬戸茶碗、今焼茶碗などを好んで使いました。それを弟子たちが真似をしたため、それまで流行っていた唐物が廃れていくことになりました。流行を変える影響力を世に示しました。

利休は、年齢を重ねても茶の湯に新しい変化を取り込んで行くチャレンジを続けていました。弟子の古田織部が考えた花入れの飾り方に感銘を受けると「**このことでは私があなたの弟子になりましょう**」と言ったと伝わるほど、茶の湯には貪欲で真摯に向かいあっていました。このような理念や言動に共感し魅了される者が商人や町人だけでなく大名や武士にも続出し熱烈なファンを生み出していきます。

利休の弟子と言われる武将	
利休七哲	蒲生氏郷
	細川忠興
	前田利長
	古田重然（織部）
	高山右近
	芝山宗綱
	牧村利貞
	瀬田正忠
その他弟子と呼ばれる者	豊臣秀次
	木村重茲
	金森長近
	織田有楽斎
	荒木村重
	有馬豊氏

このファンのなかから、新しい流派を生み出した者や、茶の

湯を自藩で保護し現代へと残した者が出てきます。古田織部や織田有楽斎は、利休亡き後に独自の流派を生みだし、細川忠興も自身の弟子が流派を生み出しました。

　特に古田織部は、利休の1番のファンであり、武家茶道の祖として織部流を生み出し、徳川秀忠の茶の湯指南役にも選ばれています。このような熱心なファンの造成には、茶の湯という先進的な文化への興味だけでなく、茶会への招待やもてなしによる対面式によるコミュニケーションが重要でした。

　また、利休は弟子たちに頻繁に手紙を送って、近況を尋ねたり、逆に伝えたりするなど、関係性を深めています。弟子の蒲生氏郷が、伊達政宗の策略による葛西大崎一揆への対応に追われている件を非常に心配する手紙などが残っています。まるで自分の子どものことのようにやきもきしているのが伝わる内容です。

　利休のような名人のもてなしを受けて、茶の湯を体感すると、黒田官兵衛や福島正則のように茶の湯嫌いから茶を愛好するように変わることもありました。黒田官兵衛は、その後、利休の隣の屋敷に住んで、茶を習い、その心得を御茶堂之記として書き残すほどでした。また、このコミュニティ内での情報共有や、茶器や茶道具の売買や譲渡も行われ、ファン同士の交流も盛んだったようです。

　現在のファンマーケティングと同じ活動が利休を中心に、師匠と弟子、亭主と客人、茶会や手紙という形で行われています。そして、利休の茶の湯を中心にして、人的な交流ネットワークが形成されていきました。このネットワークが、豊臣政権の大

名を統制する秀長や奉行衆が管理する表のシステムとは別に、裏側で大名たちを連携させるネットワークシステムとして稼働していきました。

5　切腹でファンの心に刻み込む

　1591年に、豊臣政権の双璧の一方である秀長が病死しました。温厚で諸大名からの信頼も厚く、弟として陰で支えていた功労者でした。秀吉としても、豊臣政権としても、利休にとっても、大きな損失でした。そして、秀長の死の2ヶ月後、突如として、利休は秀吉から切腹を言い渡されました。切腹にあたって、2つの罪状が挙げられていましたが、どちらも言いがかりとも取れる内容です。

利休の罪状と言われているもの

①大徳寺三門に利休の雪駄履きの木像を楼門の2階に設置した　②安価の茶器類を高額で売り私腹を肥やした

　上記の大徳寺三門の木像の件を暴いたのは、奉行衆の前田玄以であったことからも、秀長・利休による体制から、奉行衆などの官僚機構が主導する体制への転換が狙いだったかもしれません。奉行衆による太閤検地が進められている時期でもあり、巨大な豊臣政権の運営に対する主導権争いも関係していたように見えます。

　また、前年に小田原征伐や奥州仕置きも完了し、天下統一が成し遂げられており、豊臣政権の体制を戦時体制から平時体制

千利休と千家（秀長死後）

	強み	弱み
内部環境	●豊臣政権での地位 ●**茶の湯を通じたファンの多さ** ●茶人の目利き力と名声、実力	●豊臣秀長の死 ●商人、茶人である ●武功がない ●政治基盤が不安定である
	機会	脅威
外部環境	●武家、商人内での茶の湯の流行 ●豊臣政権による天下統一	●小西隆佐など商人の重用 ●**石田三成など経済官僚の登場** ●**古田織部など弟子の成長**

へ切り替るべきタイミングでもありました。秀吉も関白職を甥の秀次に譲り、太閤として院政を敷くこととなり、政治的な体制も変化が必要になります。

このとき、秀長という強力な後ろ盾を失っていた利休は、大名と強力な個人的なネットワークを有する危険人物と見なされた可能性があります。かつての本願寺の一向一揆のような妄信的な団結力が政権内に生まれることを恐れられた可能性も考えられます。しかも、豊臣政権にとっては、初期から政権内部の事情を知っているだけに、脅威の対象になりうる存在です。

利休の切腹には諸説あり、謎も多いのも特長です。利休に切腹が通知されると、前田利家、徳川家康などの実力者や、細川忠興、古田織部などの弟子だけでなく、大政所や北政所たち秀吉の身内たちも、秀吉にとりなしを試みたが、決定は覆りませんでした。

利休のために動いたこの面子を見ただけでも、利休の影響力の大きさがわかります。利休はすでに政権内に驚異的なネットワークを有していました。また、利休も謝罪や命乞いを一切せ

ずに、一介の商人であり茶人であるにも関わらず、武士のように潔く切腹し果てました。

　首は、一条戻橋にて、自身の木像に踏みつけられるように固定されてさらされました。この磔にも等しいやり方に、秀吉の怒りのほどが表れており、切腹の真の理由にも色々な憶測が飛び交います。どこかキリストの最期を思わせる事件でした。弟子でもあるファンの心に深く刻まれることになります。そして、ファンを通じて後世にまで語り継がれていく存在になりました。

まとめ

　多くのファンを生み出した利休の茶の湯は、その後も様々な流派に分かれながらも現在まで受け継がれています。古田織部は、利休の後を受け継ぐかのように、茶頭として、豊臣時代だけでなく、江戸幕府でも二代将軍徳川秀忠の茶の湯指南役を担いました。古田織部の弟子の小堀遠州は、三代将軍家光の茶の湯指南役になるなど、利休の茶の湯は脈々と受け継がれていきます。江戸時代には武家茶道として、大名や武士の間で人気を得ました。

　そして、利休の孫の千宗旦が利休のわび茶を徹底的に突き詰めて、現在の表千家、裏千家、武者小路千家へと繋がる茶の湯へと発展させました。こちらは町人茶として広がっていきます。利休たちが当時行っていた手法は、現代のファンマーケティングに非常に似ていました。

　利休が創造するわび茶という理念があり、茶の湯とおもてなしという商品・サービスを楽しみながら、茶会というイベント

に参加し、内々で手紙によるコミュニケーションを取る、また利休の目利きによる茶器の売買や譲渡が行われるなど、まさに現代のファンマーケティングと同じです。現代のファンビジネスと同じように、利休と茶の湯を支持したくなる要素で溢れていました。これは、商人出身の利休だからこそ、ファンの心の機微を掴むことの重要性を熟知していたからできたことかもしれません。

　茶人、商人でありながら、武士のように切腹と言う死に方も、ファンや周囲からすると印象に残る衝撃的なイベントとなり、利休が後々まで語り継がれる要素の１つとなりました。また、非情な状況下にも関わらず潔い終わり方というのは、ファン心理をくすぐるポイントでもあります。そして、利休が亡くなってしまっても、すでに利休の手によって茶の湯が体系化されていたことで、そのネットワークを通じて、ファンの手によって受け継がれていきました。

　江戸時代に入ると、各地でさらに発展し、茶の湯の裾野を広げていきました。現代でも、茶道という形で、日本の文化に根付いていることからも、利休のファンマーケティングは成功したと言えます。

3 来島通総

なぜ、一介の海賊が大名になれたのか？

　来島通総は、芸予諸島を本拠とする海賊集団の村上家の分家の１つを率いて、伊予の河野家に協力して活動をしていました。その後、豊臣政権で大名として取り立てられ、来島家は大名として幕末を迎えることができました。

　なぜ、一介の海賊が１万4,000石の大名になれたのでしょうか？

来島通総 年表

1561年	村上通康の四男として誕生。母は河野通直の娘。
1567年	父通康が死去。家督を継承する。
1582年	織田家に従属し、毛利氏から攻撃を受ける。
1585年	豊臣家と毛利家が和睦。四国平定の先方を務める。
1592年	文禄の役に水軍として参加する。
1597年	慶長の役の海戦で討死する。次男の長親が承継する。
1600年	長親が関ヶ原の戦いに三成派として敗北。改易される。
1601年	豊後森1万4,000石で大名に復帰する。

1 戦国時代に海賊と呼ばれた村上水軍

　中世の日本では、大量に物資を輸送するには、船を使った海上輸送が非常に効率的でした。そして、船での輸送を警固したり、逆に襲撃したりすることで得た報酬で生活を営む海上集団を海賊と呼んでいました。地域によって、水軍や警固衆、船手衆とも呼ばれる場合もありました。

　戦国時代の有名な海賊としては、現在の三重県熊野地方の熊

野水軍や志摩地方の九鬼水軍があり、その九鬼水軍と第二次木津川口の戦いで戦うのが村上水軍です。その他にも、瀬戸内海には、兵庫県淡路島の淡路水軍や香川県塩飽諸島の塩飽水軍が活動していました。

　村上水軍は、現在の広島県と愛媛県を繋ぐしまなみ海道で有名な芸予諸島を本拠地とする海賊集団でした。元々は、1つの家でしたが、時代を経るうちに大きく3つの家に別れました。広島県の因島を本拠とする因島村上家、愛媛県の能島を本拠とする能島村上家、そして同じく愛媛県の来島を本拠とする来島村上家です。それぞれが独立した勢力として、近隣の大内家や河野家などの大勢力との従属や離脱を繰り返しながら、戦国時代を迎えます。

2　村上三家の業務提携（アライアンス）

　小勢力である村上家などの海賊衆は、自分たちの技能を活かし、現代でいうアライアンスつまり業務提携を周辺の大名と結んで生き残りを図ってきました。大内家が滅ぶと因島村上家は、地理的に安芸の毛利家に近いこともあり、早くから誼を通じておりました。中国地方の覇者を決める毛利元就と陶晴賢による

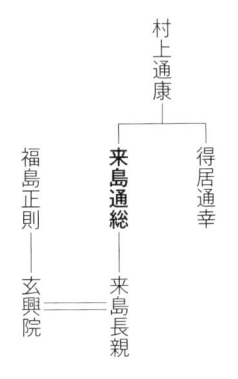

厳島の戦いにも毛利方として支援しています。豊後の大友家との争いにも参加し、大友軍を撃退する活躍をして毛利家から官位を与えられています。因島家は、毛利家と子会社に近いアライアンスを結んでいました。ほぼ、毛利家に臣従していたと言われています。

　能島村上家は、毛利家と河野家の中間地に位置したこともあり、どちらとも友好的関係を保ちながら独立的な活動をしていました。戦国時代の当主の村上武吉、元吉親子が有名で、宣教師のルイスフロイスから「日本最大の海賊」と呼ばれる存在でした。能島家は、毛利方として戦うこともあり、その時々の状況に合わせての業務提携レベルの関係性でした。

　最期の来島村上家は、伊予の目と鼻の先の対岸に本拠地の来島が位置していたこともあり、伊予の戦国大名の河野家と同盟関係にありました。さらに河野家と姻戚関係にあるなど、資本提携的なアライアンスを結んでおり、河野家の家督争いにも、外部から積極的な支援活動を行うほど深い関係でした。

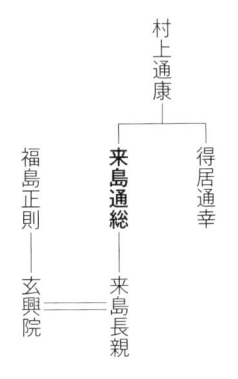

内部環境	強み	弱み
	●**水軍としての実績と経験** ●瀬戸内海に関する知識 ●河野家との血縁関係	●小勢力である ●村上三家の微妙な関係性
外部環境	機会	脅威
	●毛利家と河野家の良好な関係	●河野家周辺勢力の動向 ●長宗我部家の台頭 ●大友家の動向

　三家それぞれが、周辺の大勢力と戦略的同盟つまりアライアンスを結んでいたため、状況によっては村上家同士が争うこともありました。かつて、能島家が岡山の浦上家と結んで毛利家と敵対したときは、因島家と来島家が毛利方について戦っています。同じ村上家の流れをくんでいますが、それぞれが独立した勢力として、独自の判断で生存競争を行っていました。ただ、いつしか河野家が毛利家の庇護下に入ったため村上三家の関係性は比較的安定するようになりました。そんなときに、いままでの瀬戸内海の情勢を根底から覆しうる大きな環境の変化の波が訪れます。織田信長の登場です。

3　織田信長という大きな外部環境の変化

　応仁の乱以降から形骸化しているとはいえ、すべての勢力はまだ室町幕府の体制下で活動していました。しかし、その室町幕府体制を覆す織田信長という巨大な勢力が東海地方から表れます。

　尾張統一から数年で、足利義昭を奉じて当時の日本の中心である京へ進出しました。周辺の勢力を駆逐しながら、大阪に割

来島通総と来島家（1582年ごろ）

	強み	弱み
内部環境	●**水軍としての実績と経験** ●瀬戸内海に関する知識 ●河野家との血縁関係	●小勢力である ●村上三家の微妙な関係性
	機会	脅威
外部環境	●毛利家と河野家の良好な関係	●**織田家の勢力拡大** ●長宗我部家の台頭 ●毛利家の衰退

拠する石山本願寺を包囲し、そのまま畿内エリアを制圧下に置きつつありましたが、まだ織田家と毛利家は敵対関係にありませんでした。

　しかし、最期の室町将軍足利義昭が信長の元から放逐され、毛利家の庇護下に入ったことで、織田家との本格的な対立が始まります。そして、村上三家も毛利方の水軍として織田家の水軍と戦うことになります。

　1576年に、大阪の石山に籠城する本願寺への物資援助のために起こった第一次木津川口の戦いでは、村上水軍を含めた毛利水軍が圧勝しました。織田家の水軍は多くの家臣が討ち死にするなどの壊滅的な打撃を受け、織田家の本願寺攻略戦が膠着状態となります。信長も本願寺との講和を考えて朝廷に仲介の依頼を進めていましたが、1578年の第二次木津川口の戦いで、織田方の九鬼水軍の新型船による砲撃により大勝します。

　毛利家からの支援が途絶え、ついに畿内における反信長の橋頭堡であった本願寺が降伏することになりました。畿内をほぼ制圧した強大な織田政権が誕生したことで、瀬戸内海の状況も大きく変化し始めます。

豊臣秀吉を司令官として、毛利家攻略が本格的に再始動し、各勢力への調略が本格化します。次々と中国エリアにも手が伸びていき、現在の岡山県の戦国大名の宇喜多家が織田家に寝返りました。鳥取方面でも名門の山名家が調略されました。

　織田家による制圧が進んでいくなかで、芸予諸島の小勢力に過ぎない来島家、能島家にも、秀吉からの誘いの連絡が入りました。これから秀吉が毛利家攻略を進めていくには、水軍力の強化も課題でした。来島家や能島家が持つ海上輸送の経験とノウハウは、今後の四国や九州への進出にも、非常に魅力的な強みです。ここで、当主の来島通総は、外部環境の変化を踏まえて、来島村上家の将来がかかった「**アライアンス先の選択**」という大決断を迫られます。いままで通りの河野家との提携で行くのか、新興勢力の織田家との提携に切り替えるのか、非常に難しい選択です。

4 　先を見越したアライアンス先の変更

　来島家の本拠地は、伊予の河野家と安芸の毛利家に挟まれた位置にありました。非常に危険な選択でしたが、当主の来島通総は、秀吉の誘いに応じて、織田家につく選択をします。一門衆などには反対する者もいましたが、織田家の将来性を見越して、大きな賭けに出ました。

　まだ秀吉が、現在の岡山市の辺りの備中高松城を包囲している段階で、拠点の来島城からは相当距離がある時期でした。陸路で132キロも離れていますので、有事の際にすぐに駆け付けられる距離ではありません。

現代でも、市場の動きの先を見据えて決断することは、ある種、大きな博打に近いかもしれません。成功すれば先見性があると評価され、失敗すれば判断力が無いと非難されます。

しかし、このかなり早い段階でアライアンス先の変更を選択したことが、来島家と他の村上家の今後を分かつことになります。

5 本能寺の変という厄災

1582年、来島家は大決断の末に、織田家に寝返りました。しかし、タイミング悪く、本能寺の変により信長が斃され、支援を期待していた織田政権が混乱に陥ります。当初の予定が大きく狂いました。

側面から牽制する役目のはずでしたが、逆に河野家や毛利家、それに協力する能島家に囲まれる事態になりました。力戦及ばず、来島家の本拠地の来島城を奪われてしまい、通総は、秀吉の元へと脱出します。しかし、当主の通総の代わりに、兄の得居通幸が鹿島城に籠城し、河野家や毛利家の攻撃を防ぎながら、頑強に抵抗を続けました。来島家は、このような四面楚歌の状況のなかで、降伏せずに秀吉からの援軍を待つという賭けに出ます。織田家内部の主導権争いが激化しているなか、これはかなり危険な賭けでした。

そこから、1584年に秀吉と家康による小牧長久手の戦いの目途が立つまで、通幸は持ちこたえました。豊臣政権と毛利家との講和が現実化してきたことで、来島家への攻撃も停止となりました。その後、秀吉の元にいた通総の帰国も許されます。来

島家滅亡寸前という最悪の状況から脱することに成功しました。

　1585年の四国征伐の際には、伊予方面軍の先鋒を任せられることとなり、旧敵である毛利家の小早川隆景の与力として長宗我部家と戦います。そして、四国征伐後の論功行賞において、①早い段階で秀吉とアライアンスを結んだ点、②最後まで鹿島城で持ちこたえた点、③四国征伐での活躍した点を、秀吉から高く評価され、伊予風早郡1万4,000石の大名に取り立てられます。また、兄の得居通幸にも3,000石が与えられました。芸予諸島の小さな来島を本拠とした海賊集団が、一躍、豊臣政権で独立した大名となりました。あの四面楚歌となりうる状況での選択と、その後の苦境を耐え抜いたことが成果として実を結びました。

6　村上三家のアライアンスのその後

　1582年ごろのアライアンス先の選択が、海賊集団と言われる村上三家のその後を違ったものにしていきます。因島家は、毛利家との繋がりが古く、早い段階で知行を受けていたこともあり、家臣団へと組み込まれ、長州藩の家臣となりました。当初は1,800石クラスでしたが、その後三十人通という低い家格となったようです。

　能島家は、来島を返還しない、四国征伐に加わらないなどの反抗的な態度を取り続けた結果、秀吉の命令で毛利家から攻撃を受け、能島の本拠地を放棄させられることになりました。その後、追い打ちをかけるように命令違反による詰問を受けるなど勢力は弱体化し、こちらも毛利家の家臣団に組み入れられ、

来島長親と来島家（関ヶ原の戦い後）

	強み	弱み
内部環境	● 瀬戸内海に関する知識 ● **妻の実家の福島家との関係性** ● 各地の商人とのネットワーク	● **水軍力の低下** ● 人材の不足
	機会	脅威
外部環境	● 関ヶ原での福島正則の活躍 ● 武断派の発言力	● 豊臣家の勢力低下 ● 徳川家の政権奪取

長州藩の船手組として2,000石クラスの家臣となりました。因島家と能島家は、毛利家に吸収され家臣としてそのあと存続していきます。

　一方、来島家は豊臣政権の水軍の一翼となり、九州征伐・小田原征伐にも独立した大名家として参戦しました。豊臣政権の大きな戦には、ほぼ参加していきます。文禄・慶長の役にも、通総は、自軍を率い渡海して戦っています。しかし、文禄の役では、兄の得居通幸が戦死し、慶長の役では、当主の通総が初戦で討死しました。

　豊臣家とのアライアンスを結んでいる以上、仕方のないことですが、これは来島家にとって大きな痛手となりました。当主は、嫡子の長親が継ぎましたが、父通総と伯父通幸の2人を失うなど組織としての損害が大きく、水軍の戦力としては著しく低下してしまいました。関ヶ原の戦いの前に、来島家の最大の強みであった水軍力を失ってしまいましたが、逆に、この水軍力の低下によって、救われることになります。

　1600年の関ヶ原の戦いで、三成派に所属したものの、通総と通幸の死亡や水軍力の著しい低下などによって、来島家は戦力としては、ほとんど期待をされていませんでした。関ヶ原本戦への参加もなく、大阪城の淀川の河口の警備という小さな役割しか与えられていません。ただ、結果としては、本戦に参加できなかったことが、敗戦の罪を軽くすることに繋がりました。

　また、秀吉も通総、通幸も亡くなっており、豊臣政権と来島家のアライアンスも以前に比べて弱いものになっていました。所領を没収された長親は、妻の実家の福島正則や、懇意にしていた大阪や伏見の商人などを通じて、徳川家へ誼を通じることに成功します。東軍として戦った豊臣恩顧の武将たちのほとんどが、文禄慶長の役に参加しており、苦楽をともにしたメンバーだったことも影響を与えたかもしれません。別のベクトルで新しいアライアンス先を得ました。

　そして、1601年に、現在の大分県の玖珠郡付近に1万4,000石を与えられ、森藩を立てます。関ヶ原の戦いで敗軍となりながらも、大名に復帰できた数少ない例の1つです。その後、幕末まで存続し、早い段階より新政府軍に参加して、戊辰戦争を戦っています。

まとめ

　現代でも戦国時代であっても、業務提携およびアライアンス先の選択は、組織のその後を左右することもあるため非常に重要となります。アライアンス先の選択には、古くからの付き合

いがあるから、距離が近くコミュニケーションが取りやすいからなどの安易な理由ではなく、市場の将来性を見据えて判断する必要があります。

来島通総と来島家は、地理的な環境から言えば、四方を敵に囲まれるリスクが高かったにも関わらず、将来性を見据えて、あえて織田家との連携を決めました。まだ、織田軍が現在の岡山市の辺りで高松城を包囲しているような時期でした。因島家、能島家は、いままで通りに毛利家との提携継続を選んでいます。

見切り発車のように、織田家とのアライアンスを結んですぐに、運悪く本能寺の変が起こり、来島家は本拠地を奪われるほどの危機に追い込まれました。しかし、ギリギリのところで粘り続けたことで、秀吉の台頭によって、危機を脱すると、一躍、大名に取り立てられることになります。

これは、もっとも早い段階で秀吉の誘いに応じたこと、本能寺の変によって苦しい状況になりましたが、兄通幸が耐え忍んでアライアンスを放棄しなかったことで、秀吉との深い信頼関係が構築されたからです。秀吉は、来島家の早い段階での決断を非常に喜んでいて、通総を「来島、来島」と呼んで重用したと言われています。これを契機に村上から来島に苗字を代えて、来島通総としました。逆に、秀吉の誘いに乗らずに、敵対行動ばかりをとった能島家には厳しい対応を取り続けて、追い込んでいきました。

現代でもアライアンスを成功させるうえで、特に重要なのは業務提携先との信頼関係の構築と言われております。相互の信頼とオープンなコミュニケーションが、両組織の強みによる相

乗効果を生み出す礎となります。そのため、初期段階での信頼
関係の構築は必要不可欠であり、実直に取り組むことが成功の
カギとなります。

　戦争に置き換えれば、信頼関係がなく疑心暗鬼に陥っている
寄せ集めの軍隊ほど弱いものはありません。口だけの提携や同
盟だけでは、危機的状況をともに耐え忍ぶことはできません。
戦国時代の来島通総を一介の海賊の当主から、幕末まで続く大
名家へと導いたのも、秀吉とのアライアンスにおいて、早期に
信頼関係を構築できた成果だと言えます。来島家の事例は、現
代の業務提携やアライアンスの参考になります。

この章のまとめ

（1）小勢力の生き残りを賭けた戦略

　戦国時代にも、現在の中小企業のように、中小の勢力が存在していました。中小勢力は、常に近隣の大きな勢力と提携したり従属したり、ときには敵対するなど、状況に合わせて、立場を変えながら、激動する時代のなかを潜り抜けようとしていました。中小勢力が生き残るには、他とは違う能力や特長を持って差別化できている方が、有利である点は、現代の中小企業が置かれている状況と同じです。

　柳生家は、本来は大和国で土豪や国人として活動していましたが、父の石舟斎のころに、上泉信綱より新陰流の印可を受けて、剣術に注力したことで、徳川家への仕官が叶いました。

　千利休は、堺の有力な商人として活動をしながら、茶人としての腕前を磨いたことで、その評判を聞いた織田信長に採用され、豊臣秀吉に重用されるようになりました。来島通総は、芸予諸島の一介の海賊集団の当主でしたが、その水軍としての能力を、水軍力の強化を欲していた豊臣秀吉に提供しアライアンスを結べたことで、大名への道が開けました。

　これらの三家ともに、かなり小さな勢力や存在でしたが、その能力や特長を必要とされて、大きく出世を果たしました。

（2）中小勢力が永続するには能力と特長を活かすべき

　柳生家は、歴代の将軍から信任を得て、浪人から大名にまで登りつめました。しかし、そこで満足することなく、剣術に禅の思想を組み入れて、剣術という特長に禅という付加価値を加

3家の状況の違い

	強み・特長	生存戦略	成果
柳生宗矩	新陰流	商品・サービスの差別化戦略	柳生藩1万石として幕末まで存続
千利休	わび茶	ファンマーケティング戦略	茶道三千家として存続
来島通総	水軍	提携・アライアンス戦略	森藩1万2,500石として幕末まで存続

えて、心構えを説くものへと変えました。武術から武道へと昇華させて、他の流派の剣術との差別化を図りました。そうすることで、歴代の将軍家の兵法指南役として愛され続けました。

千利休は、商人としてよりも、茶人としての才能で高い評価を受け、特に豊臣政権では政治的な役割も含めて重用されました。また茶の湯を通して、ファンを生み出し続けていき、自身が切腹したあとも、利休の生み出したわび茶は、ファンである弟子たちが継承し、色々な流派に別れながらも、後世に伝えられました。その弟子たちが、徳川将軍家の茶の湯指南役となり、各大名や武士たちにも愛されました。

来島家は、海賊として培った海上運搬や操船術などの技術やノウハウを評価されて、豊臣政権の水軍の一角を担いました。豊臣政権下での主要な戦いに参加して戦功をあげていき、慶長の役では当主の通総が戦死するほど貢献をしました。そうして、同族の村上家が毛利家配下の船手組として取り込まれていくなかで、来島家は、独立した大名として、江戸時代を最後まで生き残りました。

（3）中小企業の生存戦略としての差別化

　現代の中小企業も、激動する社会や市場で生き残るために、自社の強みや特長に着目して、競合他社との差別化を図ることが求められます。さらに、その強みや特長に、付加価値を加えることで、他に代替できない存在となれます。

　宗矩が、剣術に禅の精神性を加えて武道としたように、利休が、わび茶を発展させて、それまでの茶の湯と違う世界観を生み出したように、他にない独自性を持つことは、非常に高い価値があります。また、自社のファンを作り拡大していくことも、重要な生存戦略の1つです。

　それは、一般消費者向けの商品やサービスを扱う企業であれば、千利休のように戦国大名や武将だけでなく町民など一般向けに幅広くファンを獲得していくべきです。また、企業向けを中心としているならば、柳生宗矩や来島通総のように、徳川家や豊臣家のように重要な取引先をファン化させて繋がりを強化できると、経営の安定感が増していきます。

　戦国時代も、生き残りのために、小勢力たちは、それぞれの強みを活かして、差別化を図っています。逆に差別化に失敗して、歴史のなかに埋もれていった勢力もたくさんあります。例えば、鉄砲の雑賀衆のように独自性を活かせずに秀吉によって解体され、歴史上からは消滅してしまいました。この三家の事例は、中小勢力の生き残りのための差別化の重要性を示してくれています。

小勢力の独自戦略の 成功と失敗 まとめ

柳生宗矩

剣術 × 弾

浪人から大名へ

武術から武道へ昇華
将軍や大名をファン化

市場を支配

千利休

商人/茶頭
わび茶の追及

切腹という悲劇
→強固なファンを生み出す

ファンの力で
現代まで承継

来島通総

水軍としての操船や
海上輸送技術

強力な支援者獲得

さらに忠義と貢南犬で
秀吉をファン化

大名に

186

歴史とは、現在と過去との間の尽きることを
知らぬ対話なのであります。

引用：E.H.Carr 著、清水幾太郎 訳『歴史とは何か』（岩波新書
（1962年））

おわりに

「謝辞」

　この本を書くきっかけとなったのは、公私ともに20年近くお付き合いのある経営者の吉田健一郎さんからのあるメッセージでした。

　中小企業診断士として活動を始めて2年ほど経ったころに、私が歴史好きだということを覚えてくれていて「歴史と経営を絡めた差別化をしてみてはどうか」というアドバイスをいただきました。

　そのやり取りを発端に、戦国武将たちを経営者と見立て、SWOT分析などのビジネスフレームワークを活用して、その事績を分析し考察する「戦国SWOT」をブログで始めることになり、この本書へと繋がっています。

　あのとき、メッセージを送ってくれたことをとても感謝しています。

　大阪教育大学 教授の小崎恭弘さんには、この戦国関連の企画を覚えていてくれてこの本の出版元であるビジネス教育出版社へ紹介していただいたことを感謝しています。当初は別の企画でしたが、そちらもいつか実現できればと思っています。

　本書の出版は、このお二人の力添えがあればこそ、実現することできました。そして、直接的な支援だけではなく、間接的

にも周りの多くの方々に支えられております。

海のものとも山のものともわからない「戦国SWOT」というテーマで、オンラインセミナーの機会をいただいた一般社団法人ウェブ解析士協会の江尻俊章さん、積高之さん、一般社団法人大阪府中小企業診断協会の会報に記事掲載の機会をいただいた柳瀬智雄さん、東純子さんにも感謝しかありません。

グラフィックレコーディングの手法を活用して、お忙しいなか、本書向けに画を描いていただいた井筒範子さんにも感謝しております。

また、私が本書を書けたのは、特定非営利活動法人ファザーリングジャパン関西の歴史愛好家メンバーや中小企業診断士仲間たちが、スタート直後から「戦国SWOT」を応援してくれたことが励みとなり、この本書に繋がっています。

今回、こうして本という形で出版できたことで、多くの方の目に留まることのないブログであっても、途中で放棄せずに、やり続けることの重要性を気付かせてくれました。そして、私が色々なご縁に恵まれていることにも改めて気づかされました。

最後に、本書の編集にお付き合いいただいたビジネス教育出版社の担当編集者の中河直人さん、そして執筆中に支えてくれた妻と家族に感謝しています。

参考文献

著者名	タイトル	出版元	発行年
桑田 忠親	千利休―その生涯と芸術的業績	中央公論新社	1981
今井 尭	日本史総覧	新人物往来社	1987
渡部 景一	「梅津政景日記」読本―秋田藩家老の日記を読む	無明舎出版	1992
小和田 哲男	石田三成「知の参謀」の実像	PHP研究所	1997
中野 等、日本歴史学会	立花宗茂	吉川弘文館	2000
山本 博文	島津義弘の賭け	中央公論新社	2001
柳生 宗矩、渡辺 一郎	兵法家伝書―付・新陰流兵法目録事	岩波書店	2003
小野 榮	米沢藩（シリーズ藩物語）	現代書館	2006
横山 昭男	山形藩（シリーズ藩物語）	現代書館	2007
外川 淳	戦国大名勢力変遷地図	日本実業出版社	2012
火坂 雅志	実伝　直江兼続	KADOKAWA	2013
丸島和洋	真田四代と信繁	平凡社	2015
渡邊 大門	真実の戦国時代	柏書房	2015
西股 総生	東国武将たちの戦国史	河出書房新社	2015
遠藤 ゆり子	伊達氏と戦国争乱（東北の中世史）	吉川弘文館	2015
山内 譲	豊臣水軍興亡史	吉川弘文館	2016
中野 等	石田三成伝	吉川弘文館	2016
黒田 基樹	羽柴家崩壊：茶々と片桐且元の懊悩（中世から近世へ）	平凡社	2017
丸島 和洋	武田勝頼試される戦国大名の「器量」（中世から近世へ）	平凡社	2017
黒田基樹	図説 戦国北条氏と合戦	戎光祥出版	2018
太田 牛一、中川 太古	地図と読む 現代語訳 信長公記	KADOKAWA	2019
中野 等	太閤検知―秀吉が目指した国のかたち	中央公論新社	2019
小川 雄	水軍と海賊の戦国史（中世から近世へ）	平凡社	2020
黒田 基樹	戦国大名・北条氏直	KADOKAWA	2020
佐藤 尚之	ファンベース	筑摩書房	2018
グロービス	グロービスMBAキーワード　図解　基本フレームワーク50	ダイヤモンド社	2015
ヘンリー・ミンツバーグ	H.ミンツバーグ経営論	ダイヤモンド社	2007

※その他、戦国時代に関するWEBサイト等も参考にさせていただきました

〈著者紹介〉

森岡　健司 (もりおか・けんじ)

中小企業診断士。1972年生まれ。大阪府出身。龍谷大学経済学部卒業。中学1年生で、MSX版の歴史シミュレーションゲームに出会い、戦国時代の面白さに目覚め、小説や漫画、図説シリーズの戦国ものに傾倒し、もしも自分が戦国武将だったならという妄想に浸る。数十年後、中小企業の販路開拓の支援などの仕事を経て、中小企業診断士の資格を取得するために経営分析に関するビジネスフレームワークなどを学び、企業の経営支援などに従事していく。そのなかで、戦国時代と企業経営の親和性について関心を持ち、現代のビジネスフレームワークを使って戦国武将を分析する「戦国SWOT」ブログを2019年からスタートさせる。現在は、企業の経営支援と並行しながら「戦国SWOT」に関するオンラインセミナーの講師を務め、中小企業診断士の協会会報誌などへの執筆を行っている。

SWOT分析による戦国武将の成功と失敗

2021年10月8日　初版第1刷発行
2021年12月6日　初版第2刷発行

著　者　　　森　岡　健　司
発行者　　　中　野　進　介

発行所　　　㈱ビジネス教育出版社

〒102-0074　東京都千代田区九段南4-7-13
TEL 03(3221)5361(代表)／FAX 03(3222)7878
E-mail▶info@bks.co.jp　URL▶https://www.bks.co.jp

印刷・製本／萩原印刷株式会社
ブックカバーデザイン／キットデザイン
本文デザイン・DTP／株式会社明昌堂
落丁・乱丁はお取替えします。

ISBN 978-4-8283-0916-3